終の棲

ホームの日々

北沢美代

芸術新聞社

終の棲

ホームの日々

目次

まえがき

自分の老後を考えはじめた時、私は家族の介護ではなく老人ホームを選んでいました。それで、取り寄せたカタログを読み、見学し、説明を受け、自分で決めて入所しました。しかし入所して、その当初の緊張と孤独感がうすれてくると、自立組で衣食住はすべて用意されている私は、周囲のさまざまな入居者が受けている介助介護を日々のスタッフの言動を通して見ることになりました。

スタッフたちとの交流、そして入居者たちとのつながりを、見たまま、感じたままにホームの徒然《つれづれ》に書き綴るようになっていました。すると、いろいろな問題が明確になってきたのです。

これが介助介護なのか、その人により添っていくとはこういうことなのか。またある時は、これは違うんじゃないかという思いも持ちました。なにより、入居者が抱える悲しみ、不安にも向き合わざるを得なくなりました。

その頃から、出版という形が浮かび上がってきたのです。

特に、親を老人ホームに入れたいと検討している人たち、介護に関心のある人たちに知ってほしいと考えるようになっていました。

もちろん、家庭でもホームでも老いは同じようにおとずれ、誰かがその介護を負っていかなければなりません。しかしホームで生活をしたからこそ、老いを問いつめて考えることができ、同時にそれをゆだねる介護をになうスタッフが見えてきたと思います。

そして私は出版という形が最高だと考えるに至りました。

ホームを考えはじめた人たち、介護に関心のある人たちに入居者一年生の私が見たさまざまな問題を、一緒に考えていただけたらと願っています。

第一章　ホームを決める

終の棲を決める

私は自分の老後、介護を必要となった時は老人ホームと決めていた。

そのためには自分の判断力がまだしっかりしていて、自分で見て、自分が決める必要がある。それは私の終《つい》の棲《すみか》だからだ。

最近ではテレビのＣＭにも、介護付有料老人ホームが登場している。街の看板にも紹介されている。だから、そのカタログを請求することだってできる。

ホームのポリシーを掲げ、スタッフと入居者の笑顔の写真、中には入居者の声を載せているものもある。それらはホームを検討している家族と本人にとって、自分の入居先を決める大切なきっかけにはなる。

私自身入居を考えはじめた時、まずカタログを取り寄せ、見学し、何度か説明を聞き、自分が受けることのできる多くのサービスを納得することができた。

ホームの雰囲気、明るく清潔な印象、礼儀正しいスタッフの態度を見て、きちんと教育を受けているようだ、などは何回か訪問すればわかる。

これらも入居を決めるのに大切なことだ。

ホームに関心ある人に知ってほしいこと

しかし私の漠然とした不安は埋めることはできなかった。

介護する側とされる側の人間しかいない世界は、個別の部屋があるとはいえ、集団生活の苦手な私にとっては不安なものだった。

病院に入院したことはある。中にはかなり長期間に及んだこともある。しかしそれは限られた日数であり、それが終われば戻る家、自分の人生が見えていた。

しかしホームは終の棲だ。ホームを見学し説明を受けても、その特殊な世界に隔離される

という その孤立感はぬぐえなかった。ホームの生活に手ごたえを持てず、どんな人生も思い描くことはできなかったからだ。

手厚い、あたたかなサービスとはどんなものなのか。ホームでの入居者の生活とはどういうものなのか。そこで何を感じ、何に感動し、どんなふれいあいを持っているのか。満たされない思いはないのか。ありのままの声を聞きたかった。

しかしそれは私が憶測し、想像するしかなかった。

ホームを考えはじめた家族と本人、またホームに関心を持つ人に知ってほしい、というのが私の本書を書いた主旨である。

本書はホームで暮らしている人たちの姿、声を網羅《もうら》したものでは決してない。私の個別的な目線、感性であることは否《いな》めない。

この原稿を書き進めていくうちに、私は家庭の事情が許せば、本人が理解力、判断力があまり低下しない時期に入居は決めた方がいいと思うようになった。

スタッフの介護を受け、他の入居者との交流と出会い、さまざまなアクティビティに参加していく中で自分の人生を考えることができるからである。

へえーっ、終の棲にもこんな生活があるんだ！　と思っていただければ幸いです。

家族の死

私は自分の家族の介護をした経験がない。父親は私が中学生の時、結核で亡くなり、母は七十を少しばかり越えた年齢で心不全で突然亡くなってしまった。仕事で出張中だった私に母が倒れたという連絡が入り、急遽《きゅうきょ》病院に直行したが、母はガーガーと大きないびきをかいて眠っていた。その夕刻の死だったので、言葉を交わすこともない別れだった。

姑《しゅうとめ》も突然の死だった。その日、私は訪問を約束していた。湯船で浮いていたのを同居していた舅《しゅうと》が見つけ発見されたのだ。若い頃は随分葛藤もあったが、晩年になってからは娘のいなかった姑は私を信頼し、頼り切っていた。

やせて一回りも小さくなった姑は、私が訪ねるたびに自分史とも云うべき、それまでの人生をくり返し、くり返し語った。私はその同じ話を聞くのをむしろ楽しんだ。そして回を重ねるたびに、姑と私の絆《きずな》は強くなっていった。

人は晩年に入ると、自分の記憶に残った鮮明な生い立ちを家族に語りたくなるようだ。それは、自分が歩んだ軌跡を語ることによって自分を残したいということなのか。私は祖母からも特に女学校時代から結婚までのことをくり返し、くり返し聞いた記憶があった。

その姑が口ぐせのように云っていたことは、「私はあなたの世話にはならないわよ。老人ホームに入って晩年は暮らすわ」だった。その真意をつきつめていくと、排泄にまつわる羞恥心からと私の生活を犠牲にしたくないという思いだったようだ。お金で解決できる方がいいということだ。

私はそれ以上のことを聞こうとは思わなかった。

しかし、その老人ホームさがしが現実になる前に突然脳梗塞で亡くなってしまった。きちょうめんで、きれい好きだった姑が風呂場の湯船で死んだあと、風呂の中にはウサギの糞のような便が二つ沈んでいた。私は掃除をしながら激しく泣いた。

老人ホームを選ぶ

介護に関して思い出されることがある。それは岡山に嫁いだ妹が舅の看とりまでを介護した時のことである。

その舅が胃ガンで末期を迎えた頃のことである。その舅を家で介護することになって、舅の娘一人と四人の息子（この四人の息子は岡山市内に住んでいた）の嫁四人、そして専従の看護師一人、計六人でローテーションを組んで当たったという。

それにしても、こんな環境に恵まれて介護を受けられる老人など今はいないと云っていいだろう。少なくとも私の周辺では見られない。

家族で介護を全うするのは決して容易なことではない。多大な犠牲を伴なう場合だってあることは、友人の経験や新聞などで情報を得ている。

誰が介護の主役を引き受けるのか、兄妹間で不公平感が生まれることだってある。配偶者への遠慮が負担になることもある。仕事を持つ息子や嫁たちの介護離職が聞かれる現代でもある。

そして当の親にしても、こうした事情に無関心ではいられない。苦しみを伴なうのだ。

正解が二者択一だとは云えない。まだ切迫した状況ではなかったが、私は老人ホームを選んでいた。

長い間患ってきた病気（非結核性抗酸菌症）が進行し、息苦しさが増してきたこと、治療薬の抗生物質や骨粗鬆症《こつそしょうしょう》の薬の副作用が重なって、だるさと疲労感に悩まされ、同時に筋力の急激な衰えがあった。ピノキオが糸に操られて動くように私の脚は柔軟性を失ない、ふんばることが難しくなった。

後方からきた車が、いつでも停まれる速度に徐行するのを知って、人目にも危なっかしいのかと自覚した。そして自分の行き先を決めておかなければ、という思いを強くしたのだ。

松沢病院の近くに住んだ

足の衰えが顕著になってからは、散歩が日課になった。

午前中は日大グラウンド周辺、午後は松沢病院の周囲を歩くことが多かった。

幅広い歩道が巡っているので車を気にせずにすみ、しかも所々にベンチがおかれているのはありがたかった。

病院の敷地の大樹がとぎれずつづいている。その緑に癒される散歩道だ。その散歩道は将軍池の側道も含んでいる。しかし、私はその公園内に入ったことはなかった。

私は二十代後半から五十年余、松沢病院の近くに住んでいた。家庭教師をしていた大学時代を含めると、なんと六十年近くということになる。

近辺の人々は松沢病院をキチガイ病院、特殊な病院とよんでいた。それが私の先入観と後ろめたさになって、毎日のように松沢病院の周囲を散歩しながらも、一度も「将軍池公園」に踏みこんだことはなかった。確かに私は恐れていたのだ。実際、私は鉄格子の病室をイメージしていた。

無知な私は「将軍池」の名称から、将軍家の別邸跡だと思っていた。

この公園には、近くの保育園児が保育士に連れられて走り回っていることが多い。芝生が一面被っている広場は、かっこうの子供の遊び場だ。その園児たちの声に誘われるように、ある日その公園に入ってみた。園児たちのあの独特の騒がしい幼い声が「キチガイ病院」を一瞬忘れさせたのだと思う。

大樹の立ち並ぶ後方には、池らしいものが見えていたが、将軍家の別邸なら、池ぐらいあっても不思議ではない。奥の方に確かに池がある。

池は病院の敷地内にあって、フェンスで仕切られていた。大樹に囲まれた池はうっそうとしていて、水鳥がツイツイと泳いでいた。そのほとりにこの将軍池の由来を書いた古めいた立札が立っていた。

巣鴨からこの松沢村（現在は上北沢だが、当時は松沢村とよばれていたようだ）に移転してきた時に、入院患者の屋外作業療法の一つとしてこの池の構築が行なわれたそうだ。その作業に参加した患者に自称「将軍」がいた。

私が想像するに親分肌のリーダーシップを持った患者さんだったのだろう。

私が驚いた、というより感動したのは、院長をトップとするスタッフ一同がその患者の自称を、築山もあるこれだけの立派な池の名称にしたことだった。

なんとあたたかな、おおらかな医療に取り組む姿勢だろう。それまで長い間耳にしてきたキチガイ病院という偏見はその瞬間に吹き飛び、自分の無知ゆえの偏見を恥じる思いだった。

松沢病院では年に数回「健康講座」が公開されている。

齋藤正彦院長（現在 都立松沢病院院長）の「認知症」について話された講座では、素人の私たちにわかりやすく語ってくださった。

高齢化社会に伴い、いつも認知症がとりあげられ、漠然とした不安が蔓延《まんえん》していると云っても過言ではない。しかし院長の講演で徒《いたず》らに恐れるものではないことを知った。これは私にとって大きな成果だった。

医療に臨《のぞ》むあたたかな姿勢も伝わってきて、「将軍池」の由来にあった松沢病院のポリシー、伝統が今に受け継がれているのだと知ったのもうれしかった。

それともう一つ、これは私の記憶が正確ならばという注釈付きだが、齋藤正彦院長はお母さまを介護付き有料老人ホームに入所させていたようだ。院長の言葉に、「認知症患者も八十歳を過ぎたら医療よりも介護」と云われた記憶がある。この言葉が老人ホーム入所を決めていた私に、さらに背を押したことは確かだ。

病院の敷地は広く、ゆったりとしていて、大きな樹木、中にも名木に選定されている多《た》行《ぎょう》松《しょう》という松もある。梅、桜と季節の折々、そして今は銀杏《いちょう》が色づいてきた。病棟は新しくなり、精神科の他にもいくつかの科を備えている。今は慶應病院に通っているが、下痢の不安を抱えている私は、そろそろ転院を考えはじめている。その時は、ぜひ松沢病院で看てほしいと願っている。

老人ホームを具体的に考え始めた時、まず自宅からあまり遠くないことを考えた。その中には松沢病院の存在があった。できればホームに入っても、なじんだ松沢病院の周辺を散歩できればどんなにか心が癒されるだろうと考えていたからだ。

そんなある日のこと、気まぐれに道なりに環八を渡って公園に出てみようと思った。古い記憶でおぼろげではあったが、方角としてはまちがいないはずだった。

環八に入る手前に、白壁の倉のある家があり、その道端には小さなお地蔵さまが立っていた懐かしい思い出があった。坂を下っていくと、大きな邸宅があり、その家の地つづきに竹林が広がっていた。

突然、学生時代にこの坂を歩いたことを思い出した。私が家庭教師をしていた家のご家族と一緒だったと思う。都心にこんな広い竹林を見たのが衝撃的だったのだろう。確かにこの道だ。

その帰り道、左手に堅牢な印象の大きな建物があり、マンションではなさそうだ。それは老人ホームで、塀に沿ったポスト状のケースにカタログが入っていた。それを一部抜きとって持ち帰った。

ホーム見学

早速、カタログにある電話番号に電話をし、見学の日取りを決めた。

初めて踏み入ったホームは仰々《ぎょうぎょう》しくなく、清潔で明るかった。

廊下で出会うスタッフたちは誰も礼儀正しく、明るい声で出迎えてくれた。

お客様係りの女性の対応は、私の質問に的確に答えてくれ、私は好印象を持って帰ってきた。

しかし、実際に入居する迄にはそれからほぼ一年が経っていた。

私は事情があって、夫とは別居して一人暮らしだったが、自分一人の生活も体力の衰えに毎日の家事の煩わしさが重なって、ホーム入居の準備をはじめなければいけないと思いはじめていた。

当時の食事は、蒸した野菜をタッパーに詰め、常備菜として冷蔵庫に保存し、それに生野菜を加える。好きだったきんぴらも、切り干し大根も食卓に上らなくなった。

スーパーの総菜《そうざい》はどれも甘ったるくて、口に合わない。焼魚とさしみはよく買った。ごはんはパックされたもの、パスタソースは種類も豊富で、チンしたごはんにのせればすむので随分利用した。

これらにサプリメント、チーズ、とろろ昆布、食べる小魚、ナッツ類を加えた。

調理で油を使わなくなると、びっくりするほど洗い物が少なくなり、負担が減った。

ホウロウのひとり鍋はとても役に立った。おかゆも具だくさんの味噌汁も、このひとり鍋が調理と食器を兼ねてくれるのだ。

昔、いいところの奥さまだった方が老いて一人暮らしになった時、「めんどうで鍋から直接食べることもあるのよ」と告白したことを思い出した。その方は、そう語った時もきちんと和服を着こなし、その上品なお顔と生活のギャップに老いをかいま見た思いだった。

入居のための整理

こんな省略生活を一年近く送ったのち、再びホームを訪ねた。

入居するタイプと同じ部屋を見せてもらった。

クローゼット、広めの洗面所、備え付けの家具、トイレ（思っていたより広かったのは車椅子に対応して設計されていたようだ）、収納棚、収納スペースを念入りに見たのは、どの位の量の物を持ち込めるか、私にとっては重要ポイントだったからだ。

大きなサッシのガラス越しに見える緑も、プランターに植えられた草花もかわいらしく心を和《なご》ませてくれた。

それまで長年使ってきた家具、衣類、アルバムなど取捨選択するのは決して容易なことではない。これらを限られた期間内に実行していく中で、もしこの取捨選択を家族がとり行なうとしたら、大変な負担をかけただろうと考えたものだ。

当の本人でさえ決断に迷い、後回しにする物も多かった。

ホームの備え付けのクローゼットに収納する物、備え付けの引き出しと自分が持ち込む引き出しに納まる量の四季の衣類、下着、小物と今後の生活を考えて実用を優先させた。

すでに外出するのは病院が主で、月一度の美容院、と限られていたので、このあたりは思い切ったつもりだ。それでも一枚一枚の洋服には思い出がまとわりついて切ない思いもあった。

アルバム類は意外に多く、若い時を彷彿させ、捨てる、捨てないを行き来したあげく、とうとうホーム入居までには間に合わず、とりあえずホームに運んだのち、選ぶことにしたものもある。ホームではあり余る時間があることを想像した。

私には息子が一人いたが、息子夫婦に世話になろうとは毛頭《もうとう》考えなかった。資金面で有料老人ホームの入居金、それにその後の月々の生活費は工面できて恵まれていたというのが一番の理由だ。家族に負わせる負担よりも、知らない世界だけど介護、そして看とりまでを引き受けてくれる老人ホームの生活を選んでいた。そんなわけで夫にも息子にもそのつど報告はしたが、すべて自分で検討し、決定したホーム入所であった。

もちろんホームには隔絶された場所という不安はぬぐえなかった。しかし、家族にめんどうをかけることからの解放感の方が多少優っていたと思う。

入居日

まだ熱中症に対する喚起がつづいていた八月、いよいよホーム入居日を迎えた。どんな生活が待っているのかわからない不安と緊張感を持って玄関を入った。

部屋のテーブルにはブーケと日常生活のご案内という栞《しおり》が置かれていた。ご案内の栞にはホーム長をはじめ、サービス・スタッフの氏名が書かれていて、これは後々大変役に立った。

スタッフの顔は覚えても、名前がわからない。ネームカードを下げてはいるものの、すれ違いざまに読みとるのは難しい。たまには名前を聞くということもしたけれど、何度もとなると躊躇《ちゅうちょ》する。そんな時に栞を見て顔を思い浮かべ、名前と照合した。

そんなわけで、スタッフの人たちの名前も思ったより早く覚えることができた。

「おやつの時間なので、ティールームにいらっしゃいませんか」

という声がけで、私はティールーム・デビューした。

三人掛けのソファが空いていたので、そこに腰を下ろしブラックコーヒーをたのんだ。

翌朝ダイニングでは、向かいの方が一枚の紙を差し出した。それには私と同じテーブルの入居者の名前が記されていた。

それで私は紙を差し出してくれた方が藤堂さん、そしてあとの四人の名前も知ることができた。私は大切にその紙を部屋に持ち帰った。

顔と名前が一致すると、親しみがグンと強まるということも、このホームではじめて知った。

第二章　ホームの生活

アクティビティ

ホームで行なわれているアクティビティには、主に体を動かすことを目的とした体操系のものと、各自が自分の希望に応じて楽しめるものに大別できると思う。

音楽クラブ、歌の会、カラオケ、コーラス合唱、映画鑑賞、百人一首、イングリッシュ・カフェ、最近ではボッチャ・ダンス（フラダンス）、園芸ガーデニングが加わり、有料のものでは陶芸教室、フラワー教室も長くつづいているようだ。こうしたアクティビティをみていると、ホーム側そしてスタッフたちが入居者のニーズ、要望、楽しみをなんとか引き出そうとしている熱意が感じられる。部屋にひとりとじこもってしまいがちな高齢者をなんとか引き出して楽しみを見つけてもらおうと、これらの企画にスタッフは熱心に声かけをしている。

箸の文化

ホームに入って私は、日本人が箸《はし》を使う伝統文化を持っていることに、改めて感激といってもいい驚きを覚えた。

西欧人がナイフとフォークを使って、どのように食事をしているかを知っているわけではない。

しかし私自身、箸で茶わんの最後のお米一粒、サラダの千切りのレタス一本、グリンピース一粒までつまめるので、いつも器に残りものはない。

きざみ食やペースト状の食事の人はスプーンを使う。しかし普通食の人なら長年使ってきた箸をうまく使いこなしている。

通常、トレイには箸をはじめ、ヨーグルト用の小スプーン、果物用の小さなフォークが備えられ、カレーやちらし寿司には大きなスプーンが付く。

しかし判断力がかなり低下してくると、これらを使いわけることができない。箸を持ってしまうとヨーグルトも箸で食べようとする。ヨーグルトを切ることはできるが、すくって口に持っていくことはできない。

スプーンを持ってしまうとサラダや煮物には苦戦する。具はすべって皿の外にこぼれてしまうのだ。皿をかたむけたり、具材を端に寄せてすくいやすくすることはしないのかできない。時には、箸とスプーンを持ち変えるのを手伝うこともあるが、そのうちに小さなスプーン、大きなスプーン、箸と三本をまとめて持ってしまうこともある。二刀流ならぬ、まさに三刀流というところだ。

具体的には箸がいいようだ。味噌汁もスープもその具は箸でつまめるし、汁は器を手で持てば直接飲むことができるからだ。果物も箸で食べられないことはない。箸ならトレイやエプロンにこぼした食材もうまく拾って食べている。トレイもエプロンもそのつど洗ったものを使用しているのだから問題ない。

ヨーグルトだけは、スタッフが手伝ってスプーンに変えてあげればいいと思う。

ホーム小話　1

「えっ？　なあに。漬け物？　つきみ草？　ゆずみそ？　えっ？　歴史上の人物？（ここでさすがスタッフも大笑い）ごめん、ごめんなさい。私、わからないよ」

　私の友だちには車椅子、ペースト状の食事、しかも多少食事の介助を必要としている人が数人いる。私が困るのは、云っていることがわからないことだ。相手は一生懸命伝えようとしているのに、そう思うと一層焦《あせ》って、悲しくなる。近くにいるスタッフに手伝ってもらうこともある。しかしスタッフも、その状況を見、いつも対話していることから考え合わせて推察することも多いそうだ。

　母親を看とりまで介護した藤堂さんにこのことをたずねてみたら、やはり言葉が通じなくなり、毎日同じ手順で同じ介助をしていたように思うと話してくれた。

〽通りゃんせ、通りゃんせ

私が先にダイニングを出る時、私と塚田さんは二度手を振る。はじめは仕切り戸を出る時。この時はお互いに直接顔を見ることができる。二、三歩進むと絵柄のついた曇りガラスの衝立がある。

ここで振り返ってもガラス越しにしか顔を見ることはできない。それで私は手を高く、大きく回す。曇りガラスを通してもちゃんと伝わるようにだ。すると塚田さんも、さっきよりさらに手を高く左右に振る。これだけのことだ。

しかしテーブルの位置が変わると、ダイニングの出入口での手振りはまったく見えないところに入ってしまい、この手振りはお終《しま》いになった。

そのテーブルの移動は、塚田さんと藤井さんとのふれ合いにも影響した。

出入口の前で藤井さんを待って、中に入る塚田さんははじめ戸惑ったようだが、テーブルの移動を理解し、ダイニングの入口に近い柱の影で藤井さんを待った。藤井さんがくるまでは決してテーブルに着くことはしない。

藤井さんがきてテーブルに着くと、二人はそれまでのように手と手を合わせる。この二人が長い間に育《はぐく》んできた出会いの姿を見て、私はほっこりした。

テーブルの位置が急に変わってしまったこと、ダイニングの出入口で私と手振りができなくなったことで、塚田さんは明らかに淋しそうだった。

それで私は、塚田さんより少し遅れて席を立つようにした。

廊下を手すりづたいに足で車椅子を引いて行く塚田さんに追いつくのは容易だ。

私は車椅子の前に立ちはだかる。

「〽通りゃんせ、通りゃんせ、ここはどーこの細道じゃ」

「天神さまの細道じゃ、どおか通してくだしゃんせ」

「ご用のないもの、通しゃせぬ」

「この子の（この時、塚田さんはぬいぐるみのサクラちゃんを膝の上でトントンさせるのだ）七つのお祝いにお札を納めにまいります」

「往きはよいよい、帰りはこわい」

「こわいながらも（ここからは二人で歌う）通りゃんせ、通りゃんせ」

ここで私たちは手を振って別れる。

この「通りゃんせ」は、歌の好きな塚田さんがよく口ずさんでいた歌である。

私が家族ぐるみでお世話になった方に、超エリートの一族の人がいらした。その方ご自身も大企業の常務までいかれたが、奥さまの膠原《こうげん》病をきっかけに退職なさり、栄養と健康関係の仕事をはじめられ、私たちはこの頃からのお付合いだった。

その方が亡くなられたあと、奥様からお聞きしたことだが、最期の頃、病室では奥様とご一緒に、

「〽お猿のカゴ屋だ、ホイサッサ、小田原ちょうちんぶらさげて、エッサ、エッサ、エッサ、ホイサッサ」

と、くり返し、くり返し歌っていられたと。

子供の頃に歌いなれた歌を歌うというのは、高齢者にみられる共通したことなのだろうか。このホームで行われている音楽クラブの歌の会でも、昔の童謡は常に歌われている。幼い頃の歌は、懐かしさと共に心地よさも感じるものなのだろう。

ある時は私がいつもより遅れ、塚田さんはエレベーターの前を通り過ぎていた。通常私はこのエレベーターで二階へ、塚田さんは廊下をそのまま、まっすぐ進む。

私は少し足を速め、前に立ちはだかると塚田さんは、

「きてくれるのかなと考えていたの」

と云った。

ある時は、すでに部屋に入ったらしく、廊下に車椅子は見えなかった。思い切って進んでみると、部屋のドアは大きく開け放たれていた。

私たちは、部屋の中で「通りゃんせ」を歌った。

またある時は、私のいないエレベーターの前で一人で「通りゃんせ」を歌った、と聞いたこともあった。

ある日、塚田さんは赤と白の霜ふりのカーネーションを一本、手にしていた。

「好きな人にあげようと思ったの。きのう花屋さんにもらって、部屋で水につけておいたから大丈夫よ」

好きな人、私のことだ。私は一本のカーネーションを受けとった時、涙がこみあげてくるのを禁じえなかった。何度も礼を云った。

ある時、部屋で「通りゃんせ」を歌った時のことだった。「夢みたい。この夢がさめないといいんだけど」

そう、ちょうどシャボン玉が空に舞って、パチンと砕けて、割れるようにはかないものだ。

こんな他愛のない、しかしほっこりする出会いがホームでは見られる。

「みんなで頑張れ」

塚田さんが、「頑張れ、頑張れ」と云っているのは何回か耳にしていた。

塚田さんの周りには、介助を受けながら食事をしている人たちが多くいる。

付き添っているスタッフたちは口々に、

「もう一口食べましょう」

「牛乳は栄養があるから、もう少し飲んで」

「今日のお食事はおいしそうよ」

「顔をもう少し上げて、お口を大きくあーんしてね」

「おくすりのつもりで食べて」

「今日は、よく食べたわ、頑張ったわね」

などなど。

毎日こんな声かけを聞いて「頑張れ、頑張れ」と一緒になって応援しているのだと思っていた。

この日、塚田さんは、「みんなで頑張れ、みんなで頑張れ」と云っているのだ。見ると、塚田さんはサクラちゃんを手にしてテーブルをトントンしているのだ。いつもスタッフの声がけを聞いて、一緒に応援しているだけではなかった。

この後、私は塚田さんの「みんなで頑張れ」の場面をいくつも見ることになった。塚田さんの素直な気持の発露なのだ。

終の棲、ホームはみんなで頑張っていく生活の場だということを教えてもらった。

ようやく伝わった

おやつの時間のティールーム、一人の男性入居者が車椅子に乗って、スタッフに連れられてやってきた。

スタッフは飲み物は何がいいかたずねたが、入居者はまったく反応を示さない、聞こえないのだろう。

スタッフは厨房《ちゅうぼう》から日本茶の筒を持ってきて、さらにフタを開け、においをかがせて「日本茶？」と聞いたが、はっきりとした返事はない。

スタッフは紙に飲み物を列記し、なんとか紅茶らしいと判断したようだ。

そんな事があったちょうどその夕食時、ダイニングでのこと。

私の席からは一番遠いテーブルのミヤコさん、彼女は耳が遠い。そのためかコミュニケーションがうまくいかず、もめていることもあった。スタッフが間に入ってミヤコさんをなだめるということもあった。

この日、新しい補聴器が届いて、それを装着したという。私の席までも聞こえてくる大きな声でうれしそうに話していた。

「お二人と話ができて、私幸せです」

幸せです。この言葉は私の胸に響いた。

その時、私は齋藤正彦先生のある著者についての記述を思い出した。

高齢者のハンディキャップを体験するという実習をしました。耳に栓をして休憩時間を過ごしたのですが、聞こえにくい耳でも目の前の人となら何とか会話ができました。ところが一生懸命話している時、突然背中で大きな笑い声が聞こえました。驚くのと同時に、一瞬自分が笑われたような不快感を覚えましたが、実際はそれは私とはまったく別の話をしている人たちの笑い声でした。

（中略）

しかし、耳が遠いお年寄りに同じことが起これば、あれ、私が笑われているのかなという不快感、私だけ仲間はずれかなという悲哀感など、他の人には理解しにくい感情を心に抱くかもしれません。

コミュニケーションのとれないことによる孤立感、そのためにひきこもっていく悪循環などから解放された時の喜びが、その「幸せです」の一言に溢れていたのだ。

「あんた、新聞持ってきてくれた？」

「えっ！　持ってこないよ」

「あたしいつも頼んでいるじゃない。新聞の一部だけでいいの。ほしいのよ」（膝に掛ける仕草《しぐさ》をする）

「あたし、こっちから聞いて、こっちに抜けちゃうのよ」（左の耳から入って、右に抜ける仕草）

「あたし、あんたが新聞を持ってきてくれたら、あげようと思って持ってきてるものがあるのよ。でも今日はあげないわ」

まったく同じこの会話が十日はつづいた。その日も同じ問答がくり返されたあげく、

「忘れないうちに今とってきてちょうだい」

こうして念願の新聞一枚を受けとることができた。（この二人は十年来の友だちだ、と聞いた）

納涼祭「お祭り」

「納涼祭」は、年に一度のホーム最大のイベントだという。今年のテーマは「お祭り」。一週間前から一階の廊下の壁には、日本各地の祭りの写真が貼られていた。「納涼祭」の雰囲気を盛り上げるためだそうだ。

廊下の壁には、ダイニングの入口まで色とりどりの薄紙でつくった花々が飾られた。入居者の家族がつくって、持ってきてくれたそうだ。

学校で見る文化祭といった手づくり感いっぱいの雰囲気である。

この日、朝食が終わるとダイニングはすっかり模様変えする。

玄関脇にはポップコーン、わた菓子の機器が並び、来場者家族を迎える。

ダイニングの天井にはちょうちんが並び、壁には紅白の幕が張りめぐらされ、神社の縁日に並んだ屋台さながらだ。

焼きそば、たこやきなどが屋台をしつらえた上に並び、ジャガバタ、あんみつ、かき氷まである。飲み物はビールからラムネまで。もちろんコーヒー、日本茶も用意された。

藤堂さんはビールが好きなので、家族と一緒に飲むのを楽しみにしていると云っていた。

前もって案内状を受けとっていた私の姪《めい》は、まず、わた菓子だ、と子供っぽいことを云った。ほかにたこ焼き、焼きそば、ジャガバタもいいな、でも太っちゃうかなとぼやきながら、この日を待っていた。私はふだんホームでは食べられない焼きそばとたこ焼きだ。

この日の世話役にはスタッフの友人がボランティアで参加し、他のホームからも応援にきていると聞いた。

昼食が終わると、長テーブルはすべて片付けられ、催し物の舞台がつくられた。

スタッフのダイナさんは一輪車で舞を披露、時折床に足をつくこともあったが、それも愛敬だ。ダイナミックな技に入居者や家族からは盛んに拍手が送られた。

次は、スタッフの興津さんとその友人三人によるブレイクダンス。テレビでは観たことがあったが、生のダンスは初めてだ。忙しい生活の中で、いつこんなダンスの練習をしたのかと思うほど、なかなか見ごたえのあるダンスだ。(後に知ったことだが興津さんは九州でブレイクダンスの大会に優勝したこともあるということだ)

それに仲間だという三人の青年たちも、この日のために踊ってくれた。その友情のチームワークは感動的だ。

つづいて四人のスタッフがハッピ姿でソーラン節を舞った。決してうまいとは云えないが、私たちを楽しませようとする熱い気持は十分伝わってくる。

最後は音楽クラブで歌の先生を務める女性と、その仲間だという人たちによる、和太鼓の演奏。和太鼓の響きには日本人の心を揺さぶる不思議なものがあって、私たちはその素人ばなれした力強い演奏を楽しんだ。

スタッフたちはみんな私の息子より年下だ。孫に近い人たちもいる。みんな介護の忙しい生活を送りながら一生懸命練習をして、この日に臨んでくれたのだろう。

昔、幼い息子が運動会のリレーで必死に走った姿を彷彿させ、私は目頭を熱くした。スタッフと入居者の私には、疑似家族の関係が生まれていると思った一日だった。

ふだん介護に走り回っている姿とは違った顔が見えて、私には新鮮でうれしい催しだった。

ドッグラン

私たち入居者とスタッフの年齢差は三十年から五十年位だろうか。私たちが現役で生きてきた時代の事件や生き様を共有することはない。

スタッフが耳を傾けて聞いたとしても、それは教科書やテレビの画像から知り得たものと大差ない。

しかし、入居者たちの間では共通する体験を持っている。時代と共に風化し、想い起こすことも日常的にはなくなっていたことが、時に入居者との会話の中で共有した時代をよみがえらせることがある。

それが吉川さんとの出会いである。

散歩から帰ったホームの入口で、松下さんの車椅子を押してくるホーム長とその傍らを歩いてくる吉川さんに出会い、私は今きた道を折り返し、また一緒に歩くことにしたのだ。

一人で散歩する時、私は信号のついた歩道を渡る。しかも、この青信号は高齢者が渡り切るのにやっとで神経を使うが、この時は横断歩道橋だ。

スロープを手前で三折り、そして環八上の平らな道、後半の二折りのスロープとかなり大回りになる。

ゆるやかなスロープではあるが、下りにくるとホーム長は、「松下さん、車椅子を後ろ向きにします」と声をかけ、後ろ向きで歩いた。

傾斜によって、介護される者が車椅子から落ちるのを防ぐため、スロープを下る時は介護者が先に立ち、バックする形で進む。

歩道橋の真ん中あたりでホーム長が、「ボクはこの上から見る景色が好きなんですよ」と立ち止まった。

私たちも下に広がる街並と、車列のつづく長い環八を眺めた。ふだん道を歩いている時の目線で見る街の光景とはまったく違っていた。

しかし、車椅子の松下さんには手すりが邪魔して、私たちと同じ景色を見ることができなかった。

公園に入ると吉川さんは上を見上げ、「大きな木ですね」と感じ入った声を出した。

この公園は、同じ位の高さの樹木がずっと広がっている。

「昔の武蔵野なんでしょうね。夏の暑い季節には、ずっと木陰《こかげ》の下を歩けるので、日傘もいらないんです」

私はホームに入所した盛夏を思い出して云った。

「ドッグランの広場まで行きましょうか」

ホーム長は車椅子を吉川さんの歩調に合わせ、私は吉川さんの腕をとった。吉川さんは思ったよりしっかりした歩きだ。

ドッグランの柵の中では、犬たちが走り回りじゃれ合っている。

松下さんと吉川さんは、どちらかと云うと犬派、私は断じて猫派、そんな他愛のない会話の中で話が年齢のことになった時、松下さんの「もう忘れた」にはちょっとびっくりした。ふだんの会話ではけっこうしっかりとやりとりをしていたので、この「もう忘れた」には、こういうこともあるのかと思い、さみしさがよぎった。

「部屋」は云ってみれば「家」である

一時間ほど部屋を空けて戻った時、部屋のドアが三十センチほど開いていた。随分だらしのないことをしたものだと思いながら中に入ると、トイレのドアが開いたまま。しかも電気がついている。だいぶボケてきたかなと思いながら、時間を遡って思い返してみた。私は部屋を出る時、必ず電気も、しかも空調も消すようにしており、その日もいつも通りの手順をふんで始末して出ていた。

ああ、あの人だ。保科さん。これまでにもノックもなくドアが開くことがあった。車椅子の保科さんが顔をのぞかす。

「こんにちは！　何かご用ですか？」

なんの返事もなくドアは閉まる。まともに話しても通じる状態の人ではない。仕方ない。

その日の夕方、またドアの開く気配があった。それで私は立って行き、

「保科さん、何かご用？」

と、少し声を大きく、ゆっくりと聞いた。

「何もない」

「ここは私の部屋だから、用がある時はノックをしてね」

部屋には各個室ごとに鍵がついている。入居してしばらくの間は就寝時だけ、内側からロックした。ロックの開閉時はカチャッ！　とかなり高い音がする。

私の部屋の夜の見回りは一回だけにしてもらっていたが、ウトウトしている時にはこの音はけっこう響くので、ロックはしないことにした。

頻繁に出入りする日中はめんどうだし、貴重品といえる物はすでに整理して持ち込んでいない。鍵のかかる小引出しはあるが、鍵そのものは別に保管してある。

セキュリティのしっかりしているホームで心配することはなく、今後もドアのロックはし

ないつもりだ。

他人に部屋に入られたくないならロックをすればすむことだ。ロックをしないと決めている以上、私は自己責任だと承知している。

しかし、このことで私が考えたのはべつの問題である。

ホームに入居する時、その規定の中には、認知症になった時でも（人に危害を加えることがない限り）、それを理由に退去を要求されることはないとあったように思う。最期の看《み》とりまでをホームに一任したと記憶している。

ホームには認知症だろうなと思われる人たちがいる。しかし私自身がその状態にならないとは云えない。認知症に限らず、老いの姿は本人も周囲も防ごうとして一〇〇％防げるものではない。それを引き受けているのがホームだ。

ホーム入居時、認知症について家族に説明したことがある。

主人は、認知症については触れたくないのか、何も云わなかった。

息子は「そうか」と曖昧な反応だった。

独立性と利便性を兼ね備えているとはいえ、ホームには集団で共有する場、時間がある。

私はこのことをきっかけに、先輩たちの姿を決してひとごとに思ってはいけないということを知ったのだった。これはすでに以前から考えていたことではあったが、改めて自分に問いかけた事件でもあった。

ホームは決して安心、安全、ルンルンのことばかりではない。辛い、悲しい、イヤな場面だってある。それはホームに限らず、外の世界も同じはずだ。ましてや頭も心も体も弱っていく過程のすべてを託した終の棲においておやという心境である。

私はこのことをホーム側に報告はした。その時自分の考えも同時に伝えたつもりだったが、はたしてホーム側に正確に伝わっただろうか。

入浴がすんで部屋に入ろうとしたらドアが開かない。鍵を持たない私だから、誰かがロックをしない限り、ドアが開かないはずはない。念を入れてもう一度ドアに手をかけた。やはり開かない。仕方なく私はスタッフをよんだ。やってきたスタッフもさすがに怪訝《けげん》そうだったが、もう一度ドアが開かないのを確かめ、マスターキーを持って戻ってきた。

中には車椅子の保科さんがいた。内からロックをしていたのだ。

スタッフは恐縮して謝ったが、私はロックをしてないのは私の責任だからと以前ホーム側に説明したことをくり返した。

認知症が進んでも、時には正常なやりとりができる

このことのあと、私は廊下で保科さんに会うと必ず挨拶をするようにした。返事はなかった。

しかしある時、挨拶を終えた私がそのまま車椅子の前に立っていた時に、保科さんは「そこに立っていると見えない」確かにそう云った。ふり向くと私の背後は廊下の突き当たりで、ガラス戸を透して外の景色が見えていた。外出ができる私は、ここから外を眺めることなど意識もしたことはなかった。

「あっ、ごめんなさい。私がここにいたら外が見えなかったわね」と云って謝った。

またこんなこともあった。私が部屋から出た時だった。保科さんの部屋は私の斜め前、そこに保科さんがいた。保科さんはドアを大きく開けた自分の部屋を指さし、

「ここは私の部屋よね。入ってもいい?」

言葉は明確ではないが、そう云ったようだった。

「そうよ、ここは保科さんの部屋ですもの。もちろん入ってもいいのよ」

「わからないから教えてね」

突き当たりの外の景色に立ちふさがってしまった時、そして今日のこの会話もコミュニケーションがとれている。

認知症が進んでも、時には正常なやりとりができるということを知識ではなく、実際に学んだ出来事だった。

また突然ドアが開いた。「こんにちわー」、私は立って廊下に出た。

「妹がいない。どこへ行ったかさがしているの」

かなり明瞭に聞きとれた。

かけつけた見守りのスタッフに同じことを云った。

「今、妹さんは出かけているんだよ。部屋で待っていたらいいよ」

「部屋で待っているの」

「そう、部屋で待とうね」

こうして、保科さんは部屋に入って行った。

保科さんの部屋は、夫婦部屋とよぶ二人用の部屋だ。私はご夫婦で入居し、ご主人が先に亡くなったと思っていた。しかし、保科さんは妹さんと一緒に暮らしていたが、妹さんが先に亡くなったということをつい最近知ったばかりだった。それで今日、保科さんが「妹がいないのでさがしに行く」と聞いた時も違和感はなかった。そうか、保科さんの心の中ではまだ妹さんは生きていて、時にはそれを思い出し、さがしに行くと云ったのか。妹さんが亡くなったことは知らされていないのかもしれない。

保科さんが妹さんのことを口走り、それを聞いたのははじめてだったが、いつも車椅子を足で引いて歩いている保科さんは、まだ生きている妹さんをさがして、ガラス戸から出かけて戻らない妹さんを待っていたのかもしれない。そう思うと切なかった。

ホームは終の棲、こうした辛い、悲しい場面に出くわすこともある。

宿六

私とダイニングで隣り合わせの木の葉さん、ホームで化粧らしい化粧をしているのはわずか二人、その内の一人なのだ。

口紅はいつも濃いピンク、深紅《しんく》といってもいい。はじめは度肝《どぎも》をぬかれた印象もあったが、これが木の葉さんの身だしなみだと思うようになった。

木の葉さんの食事がまれに早く運ばれることがあった。木の葉さんは決して先に箸をつけない。私は、「温かいうちに召し上がった方がいいわ」と声かけをするようになった。するとやおら、

「お先にいただきます」

と会釈をしてから箸を持つ。こうした奥ゆかしい仕草《しぐさ》は端々に見られる。木の葉さんの過去の生活が垣間見られるのだ。

ある朝、木の葉さんが私の食事が終わる頃に入ってきた。杖はついているが、スタッフの付き添いもなく、一人でやってくる。

「随分遅かったのね。心配したわ」

「うちの宿六《やどろく》がなかなか起きなくて、遅くなっちゃったの」

私は「宿六」という表現が今どき、まだ使われているのかと思って笑ってしまったが、ともかく安心した。

夫婦部屋のキー

木の葉さんは、スタッフからは木の葉さんと下の名前でよばれている。ご夫婦で入居している場合は、下の名前でよんで区別していると聞いていた。

それに木の葉さんは、いつも部屋のキーを持っていた。そのキーは夫婦部屋のものだった。なぜ奥様がキーを持ち歩くのか疑問に思ったこともあったが、それには事情もあるだろうと思ってたずねることはしなかった。

しかしある時、木の葉さんのご主人はすでに亡くなっていたことを聞いた。

木の葉さんはこれまでにこれといった認知症のきざしは見られなかった。

そうか。木の葉さんの心の中でご主人は生きているのだ。あるいは亡くなったことを認めたくないのかもしれない。

しかしある時、木の葉さんは、ダイニングでテーブルに着く時、持っていたキーを落としてしまった。木の葉さんはそのキーを拾おうとしたが、私は危ないのでそれを制し、私が拾って渡した。それで、木の葉さんがキーを持ってダイニングにきていることの疑問を聞いてみた。

「私には夫がいるので」

私は一瞬、夫が中にいるのに自分が出てくるから鍵をかけるのが理解できなかった。しかしそれには木の葉さんならではの思惑があるのだろうと思い、たずねるのをやめた。しかしその疑問はそれ以後、私の心の中に残ったままだった。

私は木の葉さんの年齢を知らない。しかし九十歳はとうに超えているだろうと思っている。ダイニングにキーを置く時の音を聞くたびに、木の葉さんの思いを知ることもできない心に、その音は悲しく響くのだ。

外出願望

ホームの入居者の中には、「外へ出たい」「外で食事をしたい」という要望が意外と強い。私のような自立組には外出許可が出ているが、そうでない人は家族が付き添うか、スタッフが同行する。スタッフの同行は、個々人すべての要望を受け入れることができないので、そこには条件があるようだ。

家族が入居者と共に外出する場合、家族はホームに迎えにきて、送りとどけるまでをする。車椅子の人もいれば、歩行器を使用しなければ歩行が危うい人もいる。街はバリアフリーでかなり整備されてきたとはいえ、観光を兼ねて食事を共に楽しむというのは不慣れな家族には危険を伴なうこともあるだろう。

ホームでは、希望者を募って遠足を企画していた。

現に今回のホームの遠足には、六人の入居者にスタッフ三人、看護師一人が付き添っている。

今日はまさにお出かけ日和《びより》だ。朝から晴れていたし、天気予報でも一日中晴天、しかも暖かいと報じていた。

私は下痢の不安があるので参加は見送っていたが、藤堂さんが行くことを決めていたので、帰ったらその時の様子を聞こうと心待ちにしていたのだ。

「お天気がよかったから」は藤堂さんの第一声、「東京タワーから富士山が見えたのよ。なんという連峰だか忘れたけど」藤堂さんは手でその連峰を描いた。「その向こうにくっきり富士山が見えたのよ。富士山は遠くから見えても心が引きこまれる感じがするわ」

東京タワーには、足元が透明のガラス張りになっている箇所があって、街を見下ろすことができるそうだ。

「遠くの景色や街並みは見たけど、とてもガラス張りの下はのぞきこめなかったわ」

藤堂さんは高所恐怖症。私もだ。（私たちが毎週見て話題にしている「ブラタモリ」のタモリさんも高所恐怖症）

「それじゃあ増上寺も見なかったのね」

「真下ですもの」

「それで椿山荘《ちんざんそう》の食事はどうだった？」

「フランス料理だったんだけど、メインがお魚なの。私はお肉を期待していたんだけど」

「高齢者はお魚って思い込んでいるんじゃない」

「そうかもしれないわ。でも外でのお食事は楽しいわね」

「そうでしょうね」

「帰りにバスは皇居近くの通りを通ったけど、あそこはほんとうにきれいね。緑とお堀に囲まれた皇居は別格だわ。通りもきれい。それになんと云ったかしら、あの高いビル。名前は忘れちゃったけど」

「六本木ヒルズ？」

「そうそう。あの辺りもよかったわ。街全体がすっかり新しくなっているの」

藤堂さんの弾んだ声とその表情から、この日一日の外出を十分楽しんだのが伝わって、私も昔の街の様子を思い重ねて一緒に楽しむことができた。

「戦争」を聞く

「ボクは大正十一年です」（すると九十七歳だ。私のほぼ二十歳上）

「戦争にも行かれたんですよね」

「ええ、この頬の傷は、その時の爆弾の破片でやられました」

あの戦争が口で語られるのを聞いたのは初めてだったので、これにも驚いた。

その夜、私は吉川さんの話に誘発され、自分の戦争を思い出した。

三月の東京大空襲で隣家に焼夷弾が落ち、まっ赤に燃え上がるのを見た。防空壕から飛び出した私の家族は、永福町の知人の家に向かって走った。

母が妹を背負い、父は私を綱でおぶい、兄は父と母の間に手をとられ、必死に走った。

時々、サーチライトの光の帯が街を真昼の明るさで浮かび上がらせ、機関銃の音が響いた。

私たちはそのたびに地に身を伏せた。しかし、四歳になったばかりの私に恐怖はなかった。

ただ、サーチライトの光の帯に照らし出された暗闇の中の明るさと機関銃の音だけは、私の体の中に深く残っていた。

同年代と云うにはちょっと年齢差は確かに大きいが、しかも記憶をかなりしっかりと語れる方であったことは、ホームという環境を改めて考えた吉川さんとの出会いであった。

これはスタッフと入居者の出会いでは決して得られなかった共感である。

その後も吉川さんからは七十余年前の「戦争」を聞く機会があった。

私には長くくすぶっていた疑問があった。「召集令状」を手にした時、どんな思いだったのか。ほんとうに「天皇陛下万歳」と云ったのだろうか。

吉川さんに「令状」がきたのは昭和十八年、京都大学在学中だった。

「いよいよきたか」という感慨だったそうだ。

「学徒出陣も致し方ない、というのが感想、それに対して何か云える時代ではなかった。時代がそういう時代でした」と。

海軍兵士として呉《くれ》の造船場に配属され、この軍艦を造っていた造船場はアメリカ軍の攻撃の的となり、その時の爆弾の破片で右頬に傷を負い、その傷跡は今でも残っていて、戦争はまざまざと現実味をおびていた。

しかし、ここでは一歳年下の上官に恵まれ、海軍で辛い思いはしなかったそうだ。

八月十五日終戦。軍艦長の指揮で一同は集められ、玉音《ぎょくおん》放送を聞いた。軍艦が次々と撃沈されていたことを知っていたので、もうダメだと内心思っていた。やれやれとも、致し方ないとも思ったそうだ。

家に帰された時は、まだ包帯を巻いた状態だった。家族はどんな思いで、息子、この青年を迎えたのだろう。

学生だった吉川さんは、そのまま大学に戻ればいい境遇にいたので、当面将来のことは考えなくてもよかったが、食糧をあさる日々がつづいたと云う。

当時二十歳の学生だった吉川さんのその言葉を聞いて、私は戦争の虚しさに心が重かった。この感情は、時代を共にした者にしか分からない。ホームとは、そんな出会いも持てる場所なのだとも思った。

終戦四ヶ月前、私の一家は信州小諸に疎開した。

一切を焼失した時、母は、「もう失なうものはない」という一種の安堵感があったと云っていた。焼け出された笹塚の土地は手続きもせず、時効を迎え永遠に我家はなくなったという。戦争は平常時の常識では考えられないことを生み出すものだ。

吉川さんとの出会いは、ほとんど思い出すこともなかった父のこと、母のことを彷彿とさせてくれ、しみじみと切ない懐かしさを感じた。

ガーゼの四折り

私の部屋は二階なので、三階に行く機会は少ない。

その日、私は以前手伝ったことのある「ガーゼの四折り」をしようと三階のティールームに行った。

スタッフの佐原さんがパソコンを操作しながらティールームの見守りをしていた。

私が座ったテーブルには二人の入居者がすでに座っていた。この二人は食事の介助を必要としている人たちなので、私は顔は見知っていても名前は知らない。食事に介助が必要なのだから、「ガーゼ折り」のお手伝いは無理だろうと思い、佐原さんに、

「松下さんにお手伝いしていただけないか声かけをしてください」

と頼んだ。

しばらくして松下さんが車椅子でやってきた。以前にも松下さんとは「ガーゼ折り」をし

たことがある。松下さんはニコニコしながら（松下さんはいつもニコニコしている）手伝いをはじめ、ショートステイから戻ったあとの生活のことなどを話していた。私が知っているだけでも、松下さんは三回目のショートステイだ。正規の入居者ではないが、他の入居者たちともなじみになっていた。

「また来たのって云われたわ」

と笑った。

私は松下さんに無理のないようにと、私の二分の一ほどのガーゼを渡した。

「ガーゼ折り」が半分ほど終わった頃に、男性の入居者沢木さんが、

「私もしなくてはいけませんか」

と口を開いた。

私には初めて聞く声だった。

「お手伝いいただけるんですか。助かります」

私は二十枚弱のガーゼを彼の前に置いた。

「半分に折って、それをもう一回半分に折るだけです」

沢木さんはゆっくりだが確実に一枚一枚折っていった。沢木さんは松下さんと私がするの

を見ていて、声をかけてくださったのだ。

これはすごいことだと私は内心拍手した。女性と違って男性が手伝いに参加することは見たことがない。

沢木さんの隣りにいた溝口さんがなにやら手を動かしはじめた。おかゆと細かく刻んだ副食をスプーンで食べている人である。

私は感激して、

「お手伝いしていただけるの。うれしいわ」

ほんとうに嬉しかったのだ。

早速数枚のガーゼを置くと、ガーゼを広げようとした。しかし、うまくいかない。

ちょうどスタッフがそれを見ていて、たたみやすいようにガーゼをずらして重ねておくと、その上をなでるような仕草を始めた。しかし二つに折ることはできない。

私は手を出さずに、溝口さんの手元を見守っていた。

入居者のこの二人の行動は、お手伝いをしている私たちのするのを見て、自分たちも手伝わなければ、と思ったのだと考えた。男性でも、また手は動かなくても心は動いているのだ。これは私にとって衝撃的なことだった。

みんなでたたんだガーゼを二つの籠に納め、スタッフの佐原さんに渡しながら、
「佐原さん、お年寄りを部屋にひとりでしておいたら、どんどん弱ってしまうわ。私も自分だけでお手伝いしないで、みなさんと一緒にやるようにするので、お願いね」
「ほんとうにそうですね。ありがとうございます」

一〇二歳の最高年齢者（二〇二〇年十一月現在）

このホームの最高年齢者は小和田さん。一〇二歳。年齢にびっくりするのは、その活動度を知るとさらに増す。

車椅子に乗ってはいるが自分の足と手で動かし、部屋からダイニングにくる。

小和田さんは早めにダイニングに入る。その時の白いビニール袋には、編み物に必要なものが一揃入っているようだ。

太い針で編み物をしている。それが単純な襟巻のようなものではない。ベストなのだ。ベストは編み目を増やしたり、減らしたり、端の止めも必要なはずだ。それを楽しそうに行っているのだから、驚きである。

エプロンたたみも手伝っている。入居者たちが食事で服をよごさないために掛けるエプロンである。

これがまた誰よりもきれいに、きちんとたたむのだ。遠目で見る私にもそのきちょうめんなたたみ方ははっきりわかる。多い時は二十枚以上の数をこなしている。

小和田さんがなんらかの事情でダイニングにこない時、スタッフは数人の入居者にこの仕事を割り振っている。

いけ花もする。ダイニングの入口と玄関脇には毎週花屋がその季節折々の花を活けているが、そのあとの花なのかもしれない。かなり大きな花器に見事に活けるのだ。

小和田さんに関してびっくりしたもう一つのこと。

食後はエレベーターが混んで待つこともある。小和田さんは車椅子に乗り、エレベーターの前で待っていた。脇に食事を部屋に運ぶためのワゴンを押しているスタッフも立っていた。

エレベーターが開いた時、小和田さんはワゴンを押してきたスタッフに、「お先に行きなさい。お食事を待っている人がいるでしょ。私たちはもう済んできたんだから」

こんな配慮をする一〇二歳に私は感激し、頭が下がった。

ダイニングで向かいに座っている藤堂さんは、小和田さんの以前からの様子を知っている人だ。

小和田さんは自分の部屋に親しい人を招いてイチゴジャムをつくって、配っていたそうだ。そういえば、ジャム用と書かれた山盛りの苺がスーパーに並ぶ季節がある。小和田さんは二人部屋とよばれる広い部屋に住んでいるから、そんなこともできたのだろう。

小和田さんは氷川きよしが好きで、家族に氷川きよしのポスターを買ってきてもらったから、「ぜひ見にいらっしゃい」と誘われたそうだ。

ベッドに横になった時、よく見える位置にその大きなポスターは貼られていたとか。小和田さんの若さのヒケツの一つは、氷川きよしとそのポスターにもあるようだ。

この話を聞いてからというもの、私はテレビの歌手氷川きよしを見るたびに、小和田さんの顔が重なってくる。

「百人一首の会」では小和田さんに詠みをお願いすることが多い。

百人一首を終えた時、さらに驚くことがあった。それは「一枚札」。上の句を詠みはじめるとこの札の下の句はその一枚に限られていて、取ることができるという札のようだ。

「だから、この札だけは先に取ることができるのよ」と云う。その七枚あるという一枚札の歌を空で詠みあげたのだ。

む　むら雨の露もまだ干ぬ槇の葉に　霧立ちのぼる秋の夕暮

す　住の江の岸による波よるさへや　夢の通ひ路人目よくらむ

め　めぐり逢ひて見しやそれともわかぬ間に　雲隠れにし夜半の月かな

ふ　吹くからに秋の草木のしをるれば　むべ山風をあらしと言ふらむ

さ　寂しさに宿を立ち出でてながむれば　いづこも同じ秋の夕暮れ

ほ　ほととぎす鳴きつる方をながむれば　ただ有明の月ぞ残れる

せ　瀬をはやみ岩にせかるる滝川の　われても末に逢はむとぞ思ふ

この中の「ほととぎす」だけはその時思い出せないと云ったが、なんと他の六句はすべてその場ですらすらと詠んだのだ。

さらに、こんな話もした。

「昔はね振り袖を着てたすきをかけ正座して取ったものよ。札は手先で飛ばすの。その頃、大学生が三人ぐらいいつもあたしを迎えに来てくれたわよ」

迎えに来たという三人の大学生たちは、羽織袴だったのだろうか。それは聞き忘れたが、その小和田さんの青春談にはその場に居合わせたみんなが圧倒された。

こわい転倒

私が入居して半年もしない間に、二人の転倒があった。二件とも大事には至らなかったが、ダイニングで起こっていた。

一つは諏訪さん。この時私は目撃していなかった。スタッフがかけ寄り、看護師がよばれ、その転び方などを口々に検証している騒動で「転倒」を知った。

その後、諏訪さんは壁寄りのテーブルに移り、壁が支えになって椅子からの転落を防ぐかたちになったようだ。

もう一件は、剣持さん（ご主人）の転倒。ご主人が奥さまのいる斜め後ろの席に行こうと立ち上がった時だった。

こういう行動はそれまでにたびたび見られた。そのたびに、奥さまが、「立ち上がっちゃダメ！　私がそっちに行きますから」と制していた。

ところがその日は、考えられないほど速かった。椅子を少しずらして立ち上がったかと思うと、そのまま横倒しの姿勢で倒れたのだ。

それをきっかけに、奥さまはご主人の隣の席に移り、ご主人が不用意に立ち上がることはなくなった。

そのテーブルはスタッフが見守りしやすい目の届く位置だった。

都立松沢病院の「公開講座」で配られた資料によると、後期高齢者の特徴として、交通事故死よりも転倒、転落による死亡の方が多い。

これには驚いた。

交通事故死五七〇〇人〈転倒、転落による死亡数約七九〇〇人〉

また骨折転倒によって要介護者になる割合は、年々増える傾向にある。

平成19年　八・四％　→　平成25年　一〇・九％　→　平成28年　一二・五％

ホームで入居者が転倒することを常に心配しているのは、スタッフの端々《はしばし》の行動、作業から見てとれる。

これは転倒には至らなかったが、私と同じテーブルの入居者のケースだ。

食事が運ばれてくるのを待っている時のことだった。両方の手をテーブルにつっぱって、

お尻の力で椅子をグィッと引き、立ち上がろうとした。近くにいたスタッフが気付いて元に戻し、

「もうじき食事ができますからね」と制した。

この入居者は歩行器を使って歩いており、一人では歩けない。今までにこのような行動をしたことはなかった。

私は奥さまの方へ行こうとして、立ち上りしなに横倒しになった入居者のことが重なった。その時もあっという間の出来事だった。

その日は、両の手をテーブルにつっぱり、その力とお尻で椅子を引いて何度か立ち上がりそうになった。そのたび私はスタッフを呼んだ。

私は椅子がずれて動くことがないような工夫をしたらどうかと提案したが、スタッフは、「それは拘束になるので、私たちが見守るしかありません」と云った。

椅子を動かないようにするだけで拘束になるとは、まったく思ってもみなかった。私は、介護の規律と同時に介護の難しさも思い知らされた。

その後、私は自分の椅子でどのように動くか試してみた。体重を支えるには十分な安定感がある。しかしお尻を強く引けば意外に易く後ろにずらすことはできた。

ホーム小話　3

木の葉さんのテーブルに食事を運んできたスタッフが云った。

「きのうは眠れなかったようですね」（このスタッフは夜勤だったのか、あるいは夜勤のスタッフの報告を見ていたのかはわからない）

いつもはゆっくりだがほぼ完食するので、私は安心して見ていられる。ところが今朝は、様子が違う。途中で手が止まってしまう。

「冷たいジュースを飲んだら目が覚めるかも」

と、冷えたりんごジュースを手前に置いたが、口をつけない。なんとかヨーグルトだけは完食。

そしてまた眠る。

「今日はよほど眠いのね」

この時、木の葉さんが云った。

「寝てはいません。考えが飛ぶんです」

これまでの木の葉さんの生活を考えると（この日もスッピンではなく、濃い目のピンクのルージュを引いていた）、食事中に眠るなど、木の葉さんとしては承認できないのかもしれない。考えが飛ぶ――眠りに落ちる時の感覚はそうかもなと私は納得した。

機能訓練

ホームには機能訓練指導員がいて、週一で担当しているPT体操には参加している。しかし個別に入居者の指導もしていると聞いてはいたが、その現場を見たことはなかった。新しく入居してきた高田さんが、その指導を受けているところにたまたま出くわした。私は関心があったので、少し離れたところからその様子を見ることにした。

廊下にガムテープが二本重ならないように貼ってある。幅は六十センチ位だろうか。椅子が後ろにおかれ、廊下の手すりも利用できる位置である。そのテープの上を踏まないように前後に往復しているようだ。

軸足にしっかり力を入れないと、もう一方の足を貼られたテープを踏まずに越えることはできない。足を変えて五回ずつ、少し休んで五回というような体操だ。

またある時は、椅子から歩行器につかまって立ち上がる。これを二十回。しかし歩行器の前輪が少しでも浮いてしまうとカウントされない。手の力を借りず、足の力だけで立つ訓練のようだ。

高田さんはこの運動を見事にクリアした。

この他に機器を使ったトレーニングもある。自転車こぎやスクワット、腕の力を強化するものなど。機能訓練指導員が個別にメニューを作成し、ホーム長の許可を得てスタートするようだ。

私は私自身のトレーニングメニュー作成の申請をした。

高田さんは入居した頃からみると、ダイニングで歩行器からテーブルに移動する足元がしっかりしてきている。

剣持さんも剣持さんの奥さまも個別指導を受けて改善したと喜んでいた。このことを指導員に伝えると、

「みなさんが一生懸命努力なさったからですよ。でもそう云っていただけると嬉しい」

と云った。

一度目の衝突——スタッフを雇っているのだからスタッフにやらせるの

おやつを食べ終えた自分の器を、シンクに持って行って始まった私の食器洗いは、毎日の日課となった。そして、お手伝いの分野も広がっていった。

こうしたある日、二階のティールームで私のことを「あの人は洗い屋よ」と云うのが聞こえた。声の主はその声でわかった。（快く思っていないんだ）とは思ったものの、私はそれを無視した。既に私の中には一生懸命働くスタッフたちへの感謝がめばえていて、少しでも手伝えたらと思っていたからだ。

その日も私は、空になった自分の食器と隣の人のコップを持って立ち上がった。

「私はスタッフを雇っているんですからスタッフにやらせてよ！　あなたがそんなことしないでくださいね」

この声には「険」があった。

確かに私たちは入居金を支払い、月々の生活費も払っている。無償でこの生活をしているわけではない。私の中にはこのホームの生活に見合った額を払っているという思いはあったが、今様《いまよう》に云えば、「ウインウイン」の関係だ。決して雇っているという思いはない。

私の方も引っ込んだりはしなかった。

「わかりました。あなたの食器は今後洗いません。でも他の方々のはあなたにそんなこと云われる筋合いのことではないので、私は洗います」

「あなたなんか友だちじゃないわ！」（けっこう、私の方からも願い下げです……とは云わなかったが、これが私の本音だった）

それ以後、私はその人とすれ違っても、軽く、ごく軽く会釈するだけで、一言も口をきくことはなくなった。

こういう入居者同士のぶつかり合いで、スタッフをまきこむことはすまいと思っていた。入居者同士のトラブルならば、口をきかなければいい。避けて通ればいいことだ。もしこの中にスタッフが入ったら、立場上どちらにも意見を述べるのは難しいはずだ。こんなことで私はスタッフを煩わしたくない。スタッフは他にすべきことがいっぱいある。

介護はかっこいい

スタッフの佐原さんとの短い会話がきっかけとなって、私はスタッフが介護を仕事に選んだ理由、思いに関心を持つようになった。

佐原さんは、私が入居して一ヶ月半ほど経った時にこのホームにやってきた、いわばこのホームでは新人スタッフだ。スタッフと入居者の違いはあっても、このホームでは私の方が先輩だ（先住権意識って、すごい！）。それで気軽に話しかけられるということもあったと思う。

スタッフは忙しく、ゆっくり入居者と話す機会は少ない。

私が常日頃から入居者が部屋から出るきっかけをつくり、一緒にお手伝いをしている姿を見ていた佐原さんが、ある時私に声をかけてきた。

「どうして北沢さんはそんなにやさしいんですか？」

やさしい？　私は自分をやさしいなどと思っていなかった。しかし、この頃には私はこのホームで一緒に生活をしている入居者に、疑似家族というような親しみを持ちはじめていたのは事実だ。誰しも家族には親身になる。

それに、特に高齢者のひきこもりは身体能力の低下だけでなく、理解力、判断力の低下を招き、それが悪循環を生むと思っていたので、入居者が部屋から出るきっかけとして一緒にお手伝いをしているのだと話すと、彼は、「ほんとうにそうですね」とうなずいた。

今度は私が彼にたずねた。佐原さんは三十を少し出た位かなと思われる若いスタッフだ。

「ボクですか？　そうですね。おじいちゃん、おばあちゃんと一緒に暮らしていましたが、おじいちゃんは病院で亡くなりました。おばあちゃんはヘルパーさんの支援を受けて家族が家で介護をしました。その時、介護は大変だなあと思いましたね。でも自分は、何か人の役に立つ仕事をしたいと思ったんです。それと中学の時、就職実習で近くの老人ホームに行ったんですね。その介護の現場を見て、ボクはかっこいいと思ったんです」

それだけ云うと、次の用事で彼は足早に去っていった。

「かっこいい」、まさかこんなかっこいい答えを聞けるとは思っていなかった私は感動した、というのが正直なところだった。

ボランティアの活躍

その頃、日本は豪雨や河川の氾濫で被災地に駆けつけるボランティアが連日報道されていた。

ボランティアたちは、手弁当で暑い最中、寒い時、家の中に押し寄せた土砂を運び出し、水に浸って使えなくなったタタミや家具を集積場に運んでいた。

連日その映像を見ていた人々に、「自分は被災地に出向くことはできないが、何かできることはないだろうか」という思いが生じてきて、その熱い思いが、寄附や被災地の、傷ついて売り物にならなくなった農作物の購入に結びついたり、いろいろな形の応援にあらわれていることもテレビは伝えていた。

日本にもそんな気運が確実に根づいてきたのだと実感した。そんな報道を目にするたびに、私自身の中にボランティアを「かっこいい」と見る思いが日々育っていた。

しかし終の棲ホームで、しかも新人スタッフから「かっこいい」を聞けたのは、なにより感動的だった。

後日、彼の介護を「かっこいい」と思ったことと、私がボランティアに「かっこいい」と思ったことは共通しており、このホームでスタッフと入居者の間で共有できたものだということを伝えると、佐原さんは「もっと、もっと頑張ります」と云って目を輝かせた。

スタッフの多くに共通しているのは、祖父母と同居していたり、同居はしていなくても、祖父母と親しい関係にあった人たちだ。大学で福祉を学び、高齢者の介護を選んだという人たちもいた。その一人は、登校に問題を持つ児童にたずさわりたいと思っていた。もう一人は保育士も考えていたが、人生の最後の人たちと向き合おうと老人ホームを選んだという。

機能訓練指導員の菊地さんは、聴覚に疾患を持った祖父母の世話を受けて育ったという。ある時、彼女はテレビの音を消してテレビを見、音のない生活がどういうものなのか体験してみたという。

スタッフの小田さんは、会社が掲げる理念「その人らしさに深く寄り添う」が好きだったと云った。

多くのスタッフに共通しているのは、「人の役に立ちたい」という思いだった。

会社の掲げる理念は、ホームの介護を通して具現化され、スタッフの自己実現がなされていくと思われる。

それでも毎日くり返されていく日常の中で、はじめに持ったモチベーション、理念もうすれていくことがあるのでは？　その時は？　と聞いた私に佐原さんは即座に、「でも困っている人がいるから」が答えだった。谷野さんは「業務はマンネリになることはあるが介護は人が相手だから」と云った。

その時、私は藤堂さんから聞いたことを思い出していた。藤堂さんは母親を家で看とった人だ。九十二歳でお母さんは亡くなったけれど、それは大変だったとふり返る。お母さんを看とった後、仕事としては考えなかったが、区で運営する介護ボランティアをしようかと考えたという。介護の大変さを体験し、今度はそれを人のために役立てようと考えた人が目の前にいることに驚いた。

それはスタッフの人たちから聞いてきた話と重なった。

雅子さまのお歌

令和初の歌会始め、御題は「望」。雅子さまは二〇〇三年以来十七年ぶりのご出席だったようだ。その時披露されたのが、

「災ひより　立ち上がらむとする人に　若きらの力　希望もたらす」だった。

あい次ぐ大きな自然災害、その時全国から多勢のボランティアが被災地に赴いた。その時の若人たちの活躍に希望を見出し、詠まれたものと思う。

長い間のお体の不調をのりこえられてお詠みになられたこのお歌には、多くの方たちが共感していた「かっこいい」（こんなはしたない表現は失礼なことだが）がこめられていると思ったのだ。

大晦日とお正月

十二月三十日、事務所の前でスタッフの人たちが「お世話になりました。来年もよろしくお願いします」と口々に挨拶を交わしていた。年末にはどこでも聞かれる挨拶だ。

ああそうか、明日は大晦日、そしてお正月かと思った。日付の確認ができなかったわけではない。

ダイニングの入口近くに鏡餅が飾られているのも見ていた。

年の暮れとお正月を迎えるのには格別のせわしなさがあった。大掃除とおせちなどの準備である。十二月を師走というのも日本の年末をよく表現していると思う。カーテンは年に一度、年末近くの晴れの日をみて洗った。重い脚立《きゃたつ》を引っ張り出すのもこの季節だ。

ところが、ホームにきてからは、十二月に入って部屋のカーテンも洗濯され、きれいになった。

炊事、洗濯、掃除はひっくるめて丸投げ状態だ。体の弱ってきた私にとって、これほどありがたいことはないはずだった。しかし、何もせずに年末年始を迎えるのは妙な感じだ。すべてをスルーして、手ごたえのない感覚というのだろう。

ある入居者さんにこの事を話したら、

「そうですね。年末年始、主婦はとくに忙しかったわ。なにより大変だったのが大掃除、台所、ガラス拭き、でもここでは何もしなくていいのだから天国みたい」

そうか、まだ行ったことのない天国だから、なんだかキツネにつままれたような妙な感覚だったのか、と一応納得した。

長年ホームで生活をしていると、すべて丸投げの日々が身について、当り前、疑問にも思わなくなるのだ。私も来年はこんな妙な感覚を味わうことなく、家事から解放された年末年始を迎えるのかもしれない。

大晦日は慣習通りに年越しそば。お正月のおせちは私の想像を超えた豪華なごちそうだった。しかし私の大好物お餅はなかった。お雑煮ではなくお赤飯だった。そのお赤飯も私が望んでいたもち米ではない。のどをつまらせる危険のあるお餅はもう一生食べられないのかという落胆はあった。しかしここはホームだ。このくらいのことで文句を云ったら罰が当たる。現にテレビでは高齢者のお餅による事故が伝えられていた。

ホーム小話　4

仙田さんは現役の時、内科のお医者さんだったそうだ。その仙田さんが水分をなかなかとらないらしい。

スタッフが、

「ねぇ、仙田先生。仙田先生も現役の時は、患者さんにお水を飲むよう勧めていたでしょう」

と云うと、

「たまにはね」

すかさずスタッフは、

「私も仙田先生にたまにはお水をお勧めしているんですよ」

仙田先生は苦笑した後、湯のみの水を一口飲んだ。

食事はともかく、水分補給にはスタッフはとても気を使っている。

「馬を水辺に連れて行くことはできても、水を飲ますことはできない」ということわざがある。特に夏の暑い季節は脱水症状、熱中症の危険を伴う。ティールームのテーブルにはいつもなんらかの飲み物が置かれており、スタッフ同士、その日の水分摂取の状況を話し合っている。

初詣

元旦から八日までは初詣《はつもうで》が企画されていた。近くの氏神さまを祀った神社にお参りするそうだ。ホーム長が運転し、スタッフ一人、看護師一人が付き添って、私たち三人が乗りこんだ。この往復が八日頃までつづくようだ。

神社に着くとお参り前にお賽銭《さいせん》の五円玉が私たち三人に手渡され、私たちはそれを下から上へ投げ入れた。

神社ではドラム缶でのたき火、それに甘酒がふるまわれ、私たちは暖をとりながら温かい甘酒をいただいた。

病院と近くのスーパーに買物に行くぐらいだが、今の私は一人での外出が許可されているので、私には「外気にあたりたい」「外を歩きたい」という欲求はほぼ満たされている。

しかし外に出たくても付添いが必要で、限られている条件の中でしか外出できない入居者たちには、私が想像した以上の喜びだったようだ。幸い天気もよく、暖かだった。

その二日後、塚田さんは四日が初詣だと楽しみにしていたので、朝食後、部屋をのぞいてみた。

「今日は二時頃からなんですって」

うれしそうにそう云った。塚田さんはグレーの毛の靴下を手に持っていた。

「これをはいて、靴は白ともう一足、どっちにしようかまだ決めてないの。上にはこの」

と云って、ドアを開けたクローゼットのシルバーグレーのコートをさした。

そう云えば朝食時、塚田さんはスモーキーピンクのマフラーを首に巻いていた。薄着の塚田さんが？　と思ったが、たずねもしなかった。

しかし部屋にきて、すでに外出時の服や靴までも用意していたのを見て、そうだったのかと合点した。

スモーキーピンクのマフラー、シルバーグレーのコート、それに薄いグレーの靴下、コーディネートを考えて、外出時のファッションを楽しんでいる塚田さんらしいと、これにも感心した。

先日は姪御《めいご》さんが訪ねてきていたが、一緒に外出した様子はなかった。ふだん外出できない人の「外気にふれたい」「外を歩きたい」という欲求は私が考えている以上のものなのだ。

初詣もホームでのふだん着にダウンコートをひっかけて、何も思わない私とは違うのだ。

塚田さんと同じように、出かける前から外出を心待ちして、楽しみにしている人も多いのかもしれない。

隣の部屋の袴田さんも、「外出して食事をしたいのにそれができない」と私に訴えたことがあった。

ともかくも外に出られる私の想像をはるかに越える、強い欲求だということを知った初詣であった。

これはホームの高齢者に限ったことではない。家にいても限られた中の自由しかないのが現実だ。

昔々、私が信州に疎開していた頃のことを思い出した。

夏休みに兄妹連れだって、東京三田の母の実家に出かけるのは一年に一度の大イベントだ。その日を指折り数え、待ち切れない思いで、その朝は早くから寝床をぬけ出し、はしゃぎ回って母から叱られた。

車窓から見える景色は一つも見のがすまいと、窓にへばりつくようにしていたことなどを思い合せた日でもあった。

「みんなで頑張れ」と云っていた塚田さんは、初詣から戻ってきて明るい表情で、

「みなさんの健康をお祈りしてきたの」

と云った。

年末年始をすべて用意され、その中をかけ抜けたホームの初めてのお正月はこうして終った。

九十九歳の誕生日

新年を迎えての初めての音楽クラブ。歌の会が終わった時、スタッフは保科さんの車椅子を中央に押してきた。

スタッフがブーケを持っている。みんなでハッピー・バースデーが歌われ、「おめでとうございます」の拍手と共に、保科さんにそのブーケが手渡された。その日は保科さんの九十九歳の誕生日だった。

それから間もない時、廊下で保科さんに出会った。保科さんの部屋は私の斜め前で、そのドアは大きく開け放されたままだった。

保科さんは自分の部屋を指さして、「入っていい」と云った。しかし私は一瞬躊躇《ちゅうちょ》した。何か用件がない限り、入居者の部屋には入ったことはない。ましてや、保科さんの部屋にスタッフ以外の人が出入りしたことなど見たことも聞いたこともない。しかし、保科さんはもう一度、「入っていい」と云った。断わるのも悪い気がして、私は中に入った。

部屋は二人部屋だから広い。しかもきれいに整っていた。奥にベッドが置かれている。保科さんはそのベッドを指さして、「座っていい」と云った。「でも、ここはベッドだから」と云い、近くにあった椅子に座った。すると、服の入ったタンスの引出しを引いて、「座っていい」と云った。確かに引出しは椅子に似た形だ。

「この椅子に座ったからけっこうよ。どうもありがとう」

何を話していいのかわからない私は、しばらくして部屋を出た。

「ありがとうございました。それでは」

と私は手を振った。保科さんも手を振った。

認知症がかなり進んでいても、自分を敬遠している人とそうでない人の違いはわかるのだと思った。その後も私は保科さんに会うと、「おはようございます」「こんにちわ」などの挨拶をする。何か云うのだが、明瞭には聞こえない。私はこの聞きとれない自分をもどかしく、申し訳ない気持ちになる。

長く声かけをしてきているスタッフに、そのことをたずねてみた。やはり聞きとれたり、聞きとれないこともあり、憶測するしかないようだ。

でも、あるスタッフは云った。入居者さんが何を云っているのかわからないのは辛いと。こんな時、私は介護の大変さを一層感じ、正直いって重い気持ちになるのだ。

寒中の鍋の日

テレビの食レポでも冬の鍋はよくとり上げられている。ホームでも「鍋の日」がメニューに載っていた。この多人数の入居者にどうやって鍋をふるまうのか想像もつかなかった。大体、ガス栓らしきものは見当たらない。

テーブルは多少の移動が見られたが、それほど大きな配置換えはない。テーブルの上には、そう！ ガスボンベ用のコンロが置かれていた。鍋はある程度厨房で温められ、スタッフが鍋摑みで注意深く土鍋をコンロの上に置いた。

タラ、鶏肉、豆腐、昆布そして野菜類。グツグツ煮立ってきた頃合を見て火を止め、スタッフが各自の器に盛り分けた。

鍋は多人数ほど、具材からダシが出ておいしくなる。熱々の鍋は冬のなによりのごちそうだ。一回り鍋の具を引き上げると、再び点火してスープが追加され、ごはんが入り、しばし土鍋のフタを閉じて中の様子を見、といた玉子とアサツキを入れ、フタをしてむしているようだ。

「熱いので気をつけてください」と云いながら、スタッフは各自の器によそった。ダシの効いた熱々の雑炊《ぞうすい》はめちゃおいしかった。ホームで、しかもこんなおいしい雑炊をいただけるとは思ってもみなかったので大満足だった。

藤堂さんに云わせれば、スタッフの中でもこの玉子を入れてからの蒸し加減の抜群な人がいるそうだ。今回はそのスタッフではなかったが、私にはそんな微妙な差はわからず、「おいしい」を連発した。

節分

果物は大きなみかんが一つずつのっていたので、満腹の私はこのみかんを部屋に持ち帰った。

二月三日は節分。ダイニング前には、節分御膳と書かれてあった。節分御膳？　まったくイメージがわかない。イメージがなくても、イベント食はいつも豪華で、工夫の凝《こ》らされている食事が提供されてきたので楽しみではあった。テーブルにはいつものようにお品書きが置かれていた。

節分御膳

前菜盛り合わせ
菜の花のお浸し
鰯《いわし》と塩麹《しおこうじ》の薩摩揚げ
枡《ます》大根黒豆

小鉢
ふぐの煮凝《にこご》り

お造り
鮪、かんぱち、赤海老　妻一式

焼き物

　牛ヒレと彩り野菜の味噌バター焼

お食事

　恵方《えほう》巻き

汁椀

　けんちん汁

甘味

　抹茶ケーキ

鰯と塩麹の薩摩揚げ、これはとても手のこんだ一品だった。鰯独特の風味が口に広がる。おいしい！

驚いたのが枡大根黒豆。節分にちなんだものだとは想像していたが、なんとその芸の細かいこと！　三センチ四方の枡を形どったのは煮大根、その中に黒豆が二粒、これは味というよりは、その芸の細かいことで私たちを喜ばせようとしたシェフの心意気が藤堂さんと私の話題になった。

お造りはおいしい。中でも赤海老が思ったより大きく、プリプリした食感もいい。妻一式とあるが大葉の上に大根のツマ。薄く削った人参はクルクルと円をつくっている。これも藤堂さんと私の話のネタになった。甘味の抹茶ケーキもなかなか手のこんだ作品だった。

こうした月二回行なわれるイベント食は、食べる楽しみと同時につくり手、提供する側の心遣いがヒシヒシと伝わってくる。

しかしいつも感じることであるが、これは向かい合わせの藤堂さんと私が料理をはさんで、それに感心し、称賛できることで倍増していることなのだ。他のテーブルではこんな楽しい光景は見られない。ましてや、ペースト状で出てくる食事は一体どんなものなのかと、感嘆の声もくもりがちになるのがホームでのイベント食である。

この午後、ダイニングでは豆まきが行なわれたようだ。小袋に入った大豆と鬼の面が並んでいた。

遊びが多様化している現代とは違って、私たちが育ってきた時代にはその季節毎の行事があり、まさしく非日常を体験できるイベントだった。しかし、女性も働くことが普通になってきて、これらの行事は幼稚園や保育園などの施設で行われるようになってきたようだ。

ホーム小話　5

居住階は武夫さんは二階だが、よく三階に上がって行く。もちろん奥さんの里子さんがいるからだ。

その日里子さんは、カウンター式のテーブルに座っていた。眠ってはいない。コロナ自粛のために業者の出入りが制限されたが、今月からは多少ゆるやかになっていた。入居者たちの髪はカットの時期をかなり過ぎていた。武夫さんは里子さんのうしろに回り、里子さんの髪のスソを撫でていた。スタッフが、「里子さんの髪が気になる？　カットした方がいいのね」

武夫さんはうなずいた。

「じゃあ予約しておきましょうね。ご主人もカットする？」

武夫さんはうなずいた。

そしてしばらく里子さんの後ろに立っていたが、会話はないまま歩行器を押して出ていった。

次の日、ダイニングに入ってきた武夫さんは、そのまま里子さんの方へ行き、里子さんの前にせんべいの袋を置いた。里子さんはなんの反応も示さない。武夫さんもそのまま自分のテーブルについた。

次の日、ティールームで里子さんがおせんべいを細かく砕いて食べていた。昨日、武夫さんが持ってきたおせんべいだ。里子さんはおせんべいの小袋を何度も手でちぎって開けようとしていたが、里子さんの手の力ではとても開かない。スタッフが「あけてあげるね」と云い、小袋を切った。それを見ていた里子さんは「手品だ！」とうれしそうな声を出した。スタッフのサッと切るサマを「手品」とは楽しい表現だ。

その次の日だ。木の葉さんに朝食が運ばれてきた。この日スタッフは味噌汁のフタをあけ忘れていた。木の葉さんはしばらくあけようと努力していたがあかない。それで、私が手を伸ばしてあけようとしたが、ダメだった。私はスタッフを呼んだ。「ああ、申しわけありませんでした」と云ったかと思うと、楽々とフタをあけたのだ。私はすかさず里子さんの言葉をまねた。「手品だ！」。木の葉さんは楽しそうに笑って、うなずいた。

スタッフは忙しい

スタッフは忙しい。今朝は廊下を小走りしていくスタッフを見かけた。作業中にもよび出しや連絡が入り、「ちょっと待ってください。今、参りますから」と応待している。

朝、ダイニングで私たちはその日初めて顔を会わす。車椅子の人たちは部屋を出る前に着換えやトイレを手伝ってもらわねばならない人たちもいるだろう。

朝昼夕三回の食事のたびに声かけをし、あるいはダイニングまで同行し、車椅子や歩行器から椅子に座り直すのを手伝い、食事前には入れ歯を確認し、忘れている人がいればスタッフは部屋まで取りに行く。

車椅子から椅子に移るといっても、注意とかなりの体力がいる。食事前には、お茶、それとミルク（ホットかコールド）、りんごジュースがテーブルに運ばれる。食前の薬の服用もある。名札ののったトレイをその人に運ぶ。その間にもトイレに行きたいとスタッフをよぶ人がいる。（トイレは部屋を出る前に済ませるようにしている）。箸を落とす人、立ち上がろうとする人、食事の途中で眠ってしまう人、いろいろだ。食後の薬の服用もある。中には薬の服用を待たずにダイニングを出ていこうとする人もいる。それを引き止め、薬の服用を済ませる。この薬の服用時には必ず別のスタッフに手をあげて合図し、確認をし合っている。つまり、二人で服用を確認し、間違いのないようにしているのだ。薬の服用には必ず入居者に名前を云わせるか、薬の小袋に書かれている名前を指さして確かめさせている。

朝食時、入居者がお茶をこぼし、それがズボンをぬらしてしまったらしい。「服のとり換えに行くから」とその入居者を三階の部屋まで連れ添うために出て行った。他のスタッフがテーブルと床のお茶を拭きとった。

その間にも、早く食事を終えた入居者の歩行器や車椅子に同行して部屋まで送る。杖をついて一人で歩く人にも連れ添わなければ危うい人がいる。

部屋で食事を待っている人たちもいる。そう時間も遅らすこともできないだろう。この人たちには食事や薬をワゴンで運ぶ。食事の終える時間を見計らって、その回収に行く。その間も廊下を歩き回っている人もいるのだから、その見守りもしなくてはならない。

日中は、水分補給にも気を配っている。入浴のはじまる入居者もいる。その前には、着換えを用意してあげる必要もあるだろう。入浴前の検温と血圧測定もある。アクティビティのある時には、声かけや同行も必要になる。終了時には迎えに行き、ティールームか部屋まで送る。

買い物の代行依頼をする書類への書き込みも手伝って、確認しなくてはいけないだろう。

理美容の日にはその連絡も同行もある。

そうこうするうちに、早や昼食がはじまる。食事時は臨戦態勢で臨まねばならない。

午後はおやつの出し入れがある。おやつは一週間のメニューが決まっているが、飲み物はおやつに合わせ、あるいは希望に合わせ、日本茶、紅茶、コーヒーが提供される。ティールームに出てこない人のためには、部屋に運ぶ。当然運んだ物は持ち帰らねばならない。

スタッフの交替時までには、その日の申し伝える事項をパソコンに打ち込んでいるようだ。

夕食が終われば、パジャマの着換えを手伝う仕事もあるだろう。

夜間のことは、私はまったく知らない。部屋の中で行われることだから、私の目につくことはない。私自身の夜の見回りは一度にしてもらっているが、入居者によってはその回数も違うだろうし、トイレ介助もあるだろう。入浴時の洗濯物は、明け方までにはきれいにたたまれてカゴに入れて返ってくるのだから、これは夜勤の人の仕事かもしれない。

炊事、洗濯、掃除、シーツ交換などは、すべてホーム側に任せっきりの私だが、長年主婦をやってきた身としては、スタッフの作業の大変さはわかる。こうして入居者の目にうつるスタッフの仕事を数えてみただけで、目が回りそうだ。

廊下を小走りしていくスタッフが目に浮かぶ。

私の目にはふれないが、さまざまのアクティビティの企画、準備、時には関係する入居者のトラブルに付き合うこともあるだろう。当然会議や研修も入ってくるにちがいない。

自分の現役時代を思い返してみても、人目につかない裏の仕事、準備が意外と多いのだ。ことにホームに関心を持っている私は、日々作業に追われるスタッフに感謝している。自分が感謝するだけでなく、その縁に出会った入居者には、スタッフのその働きを話すようにしている。介護、サービスを受ける私たちにも感謝が必要だと思っているからである。

しかし、スタッフといっても人間だ。次から次へ作業に追われて、「介護」ということを忘れてしまうこともある。

また、モチベートして入ってきた仕事であっても、毎日毎日同じことが繰り返されているうちに、誰しもマンネリになる。あるいはそのモチベーションや思いにスタート時点から差があるのも当然のことだ。多くいるスタッフの中で、私が不満を抱き、申し立てたこともある。具体的に書いた方が納得がいくと思い、敢えて書くことにした。

しかし、うれしかったことはその一つ一つにむき合ってくれたホーム長をはじめスタッフの人たちだ。私が一番恐れていたことは、それが「こだわり」になることだった。

しかし今のところ、こだわりになって残っていることはない。むしろ、こうしたクレームにぶつかって、それを申し立ててよかったと思えたことだ。今後もこうした事が起きても、そのつどそれを私の腹の内におさめず（腹の内におさめている間、それは私のこだわりとなっているのだ）申し立てていこうと思っている。その決意ができて、私は今後のことに危惧をいだくことがなくなった。これはこのホームの誇りだと云ってもよい、と私は思っている。

「社会性を持った大きな家族」これはホーム長から聞いた言葉だ。
「みんなで頑張れ！」これは九十歳に近いおばあちゃまから聞いた言葉だ。
「（介護を）かっこいい」これは新人スタッフから聞いた言葉だ。
「人それぞれ、その人らしさに寄り添う介護、その理念がボクは好きだったんです」これは今朝廊下を小走りしていたスタッフの言葉だ。

これらの言葉、思いがスタッフと入居者の「ホームの生活」に具現化していったらいい、そう確信し、願っている。

自分の座るダイニングのテーブルの位置は決っている。当然、そのテーブルで食事をする人たちは毎日顔を合わせるので、他のテーブルの人とは違って親しみを持つ。それがなんらかの事情、情況の変化で、テーブルの位置、時には人が変わるということが生じる。それは致し方ないことだ。しかし、その時は事前に、そして念を入れて直前に（高齢者は前もって説明されてもその時には忘れてしまっていることも多い）、説明を行なってほしいと思う。

ダイニングに入ってきた鳥越さんが立ち止まって、不快な表情をあらわにした。スタッフの案内で初めての席に着いたが、その表情は固いままだった。私は前もって鳥越さんに伝えられなかったのではないかと、不審に思った。

鳥越さんは明るく気さくな方で、同じテーブルの人になにかと話しかけ、人に配慮をしている方だった。男性入居者でこのような人はただ鳥越さん一人だった。

その日、塚田さんは明らかに戸惑っていた。スタッフが案内したが、塚田さんは柱の横に車椅子を止めたまま動かなかった。隣りの藤井さんが席に着くのを待って、テーブルに着く。そしてお互いに手と手を合わせる。これは二人の間に築かれてきた親交の情を表わす仕草なのだ。

もう一つ新しいテーブルの位置からは、ダイニングの入口が見えない。食後の私との手を振るという仕草もできなくなった。それまではダイニングを出る私に、塚田さんは必ず手を振る。そしてもう一度、衝立になっている絵柄の入っている曇りガラスを曲るところで手を振る。この時はお互いに直接顔を見ることができないのでさらに大きく手を振るのだ。

こんなたあいのない友情の交換もテーブルの移動によって断ち切られてしまった。さすが塚田さんは、明らかにさみしそうだった。

私はこの手振りに代ることを考え出し、実行した。しかしそれはこの章と関係のないことなので省略する。

言葉使い。これは難問だ。言葉というものは生き物で時代と共に変わって行くもの、というのは正解だと思う。私個人で云えば、夫婦間でも友だち言葉を使ってきた。高校時代からの同級生だったからということもあったが、それればかりではない。私の生い立ち、環境、時代も影響しているだろう。

言葉使いで思い出すのは、同じ高校の同級生で外交官の息子がいた。私が大学生の時だったと思う。

この友人が和泉町に引越した家を訪ねた時だった。ピアノのある応接間に通され、紅茶と焼き菓子が出されたと思う。その時、その友人のお母さまが息子である友人の弟に向って「ヤスシさん、前沢さんのためにピアノを弾いてさしあげなさい」と云った。(前沢は私の旧姓)

私の友人はヒサシさん。その弟はヤスシさん。こうした接待は私の生い立ちの中で遭遇したことがないのだ。だから息子さんをさん付けでよぶ呼び方にもびっくりしてしまった。外交官の生活ではこんな接待、こんな言葉使いをするものなのか。まさにカルチャーショックだった。それ以来、私の人生でこうした言葉使いにぶつかったことがない。

こんな私は正直敬語が苦手である。仕事でも常識的な丁寧語で通っていたと思う。しかし年代の差を感じることはあった。テレビを通じて聞く女子の男子言葉だ。これは明らかに年代の違いによる感覚だと思う。

話は随分それてしまったが、ホームに入って次第に落着いて周囲を見聞きする中で、スタッフが入居者に使う言葉使いに抵抗を感じることがある。その一つが幼児に話しかける幼児語使い(不思議と人は幼児語を使う時、その声音、口調が幼児調になるのだ)。そして親しさゆえなのか友だち言葉、それらが時と場合によっては抵抗を感じることがあるのだ。

それはダイニングのテーブル配置換えの時に聞いた言葉だ。常に声かけをし接しているスタッフにすれば自然のことだ。また入居者側からしても、時には冗談を交えたり、家族同然の言葉が日常化してくる。私自身、そうした話し方になれていたのだ。

なぜ、そのテーブルの配置換えが必要になったのかは知らない。

食事が配られる直前にそれは起こった。谷野さんが指図して二人のスタッフが手伝ってい た。テーブルの配置換えだ。サッシ寄りのテーブルの入居者三人は総立ちになり、その移動の邪魔にならない所に立っていた。

この時、もう一つのテーブルにいた小和田さんが突然車椅子を動かしダイニングを出て行った。その様子から腹を立てたのかなと思われた。「ごめん、ごめん、すぐ終わるからね」という谷野さんの声が聞こえてきた。

スタッフたちが、入居者に親しみをこめて友人間の話し言葉を使うことはよくある。自然のなりゆきに思える。

しかし、これは時と場合によると思うのだ。少なくともこの場合、食前に総立ちになってスタッフの行動のさまたげにならないよう協力しているのだ。その人たちに使うべき言葉ではない。せめて、「ごめんなさい、ごめんなさいね。今すぐ終わりますから、ちょっと待ってください」ぐらいの言葉使いは当り前だと思うのだ。小和田さんが何も云わず出て行ってしまったのもうなずける。スタッフの「どうして出て行ってしまったのか、わけがわからない」とぼやくのも聞こえた。

西本さん。私と同じテーブルで、一つおいて斜めの席に座っている。最近歩行器から車椅子に変った。ふだん眠っていることが多く、自分から話すことはまったくない。食事時、いつもエプロンをかけてもらう。食事の介助はなしで、一人で食べるが決してスムーズではない。箸を持つとヨーグルトも箸で食べようとする。当然、ヨーグルトはうまくすくうことはできず、箸の端にヨーグルトがつく程度だ。通りかかったスタッフが気付いてスプーンを持たすことがある。しかし、スプーンではサラダや堀りの浅い器に盛られた煮野菜などはスプーンが皿や器をすべってうまくすくえず、トレイにこぼれてしまうことが多い。時には右手に大小のスプーンと箸を持ったまま食事をする。だから、介助は必要なくても、ちょっと気遣いが必要な人なのだ。しかし、自分からなにかスタッフに頼むようなことは決してない。できないのか、しないのかはわからない。しかしいつも完食する。豪快な食べ方でこれに私はいつもほっとしている。

ある夕食時、スタッフが西本さんの食事を運んできた。その日のメニューはメインがトンカツ、ごはん、みそ汁、切干し大根煮、酢の物だった。そのスタッフは、西本さんがトンカツを食べ終えた時、食後の薬を持ってきた。通常なら、「あっ、まだですね。ゆっくり召し上がってください」と云って引き下がる。が、この時のスタッフは薬を服用させたのだ。この時にも、私はなんてことだ！　と思ったが、トンカツがお腹に入っているのだから食間でも仕方ないと黙っていた。しかし、このあとだ。そのスタッフは手つかずのごはん、みそ汁、切干し大根煮、酢の物ののったトレイを運び去ったのだ。私は頭にきた。よほど立って行ってとがめようと思ったが、このスタッフが非常勤と聞いていたので、怒りをのみこんだ。

次の朝、私は多少意地悪い目できのうのスタッフを見ていた。西本さんの食事をきのうと同じスタッフが運んできた。西本さんの朝食は洋食。パンにはすでにバターとジャムがぬられている。パンとスープを完食した時、ウインナーと野菜のいためものとヨーグルトは手つかずで残っていた。このスタッフは、さすがヨーグルトだけはトレイから外してテーブルに置くと、あとのものを持ち去った。それで私の堪忍袋の緒が切れた。その場でそのスタッフに云おうかと思ったが、このホームで働きずらくなるのではと思ってこらえた。

その日ダイニングでは数人のスタッフが往き来していた。その中に谷野さんがいた。彼女に関しては、この時のスタッフがしたことを見てはいないだろうと思った。他のスタッフの、そのつどの動きまで注視する余裕はない。彼女自身もトレイを運び、薬の服用を手伝い、食事の介助もしなくてはならない。しかし、このスタッフがしたことをその場で直接見ていなくても、長い間一緒に働いていたら、ましてやベテランで少なくとも指導する立場の人間なら、スタッフの一人一人の気遣い、行動を把握していなければならないはずだ。だから、このスタッフのしたことと共に谷野さんに腹が立ったのだ。

大体あのスタッフは、西本さんがいつも完食する人だということを見ていないのかもしれない。入居者の中にはいつも食事を残すこともある。しかし、西本さんに限っていえば、私が入居して以来ただの一度も完食しなかったことはない。食事に限らず、入居者のさまざまな能力の低下なども知らなければ、その人に必要な介護はできない。これは介護に限らず他のビジネスでも云えることではないか。

食事前にエプロンをしてもらう人たちもいる。服を汚さないためである。

エプロンを掛ける。難しい仕事でもないし、時間のかかることでもない。しかしここでもスタッフの心遣いは表われる。

「エプロンをしましょうね」必ず声かけをしてから行なう。しかし中には、右手だけ出して左手はそのままエプロンの下というスタッフもいる。ひどいスタッフは、どちらの手もエプロンの中という状態でさっさと立ち去る。

薄いナイロン製のエプロンは、エプロンの下から器を持つことができなくはない。私はスタッフをよび、両手を出すよう頼むこともある。しかし、西本さんがエプロンの下から器を持ったのを見かけてからは、一人一人のスタッフに云うのはやめた。これは指導する側の問題だからだ。

介護する人たちも、一度自分がエプロンをして、力の入らない手を想像しながら手をエプロンの下に入れたまま食事をしてみれば、それと同じことを高齢者にすることはないだろう。


みんな寂しい。これはホームに限らずとくに高齢者には共通している。私は塚田さん、袴田さんとも親しい。親しくなった二人が感謝しているのがわかるので、いろいろなことで気になることもあり、部屋を訪ねることもある。家族が持ってきてくれるお菓子は高級感があって評判もいい。私はこのお菓子を持って部屋をノックする。親しいと云っても部屋に入るには遠慮がある。しかし、こうして親しい間柄になるとなかなか口にできない不満や苦情の吐け口になることが多い。

もう二、三ヶ月前になるが、塚田さんからこんなことを聞いた。

「このホームのスタッフの人から五十万を貸してくれと云われたの。私は親からお金を貸すのは絶対いけない。貸すよりもあげた方が後のいざこざがないと云われていたので断ったけど」という話だ。

私は親しい塚田さんだけど、真にうける気はさらさらなかった。「何かの勘違いか聞き違いよ。ホーム内では一切お金、現金の受け渡しは禁じられているのよ。例え100円であってもね。それにそんな大金、自分一存で貸すなんてことはできないでしょ。預金があったとしても銀行に行って手続きしなくちゃ下せないのよ。これは塚田さんの聞き違いだわ」と一応説明はしたが、塚田さんが心底納得したかどうかは、これは相手の心中だから知る由もなかった。

私自身まったく取り上げもしなかったので、このことはそれきり思い出すこともなかった。

袴田さんは私の隣りの入居者だから、頻繁に顔を出し、様子をうかがうことがあった。ともかく痩せすぎで痛々しく、持病による体調や気持ちに波があった。

ある日、珍しく中にまで入った時、袴田さんは訴えるような口調で切り出した。

「きのう、私はあまり食べられなかったの。豚肉（豚肉、鶏肉は必ず四切れに切られて出てくる）は一切、それにきゅうりもみをほんの少しだけ食べただけだったのね。そしたら、後からきた外山さんにその私が残したものがそのまま出てきたのよ」

これも、なんてひどい見間違いの話かと思ったが、一応丁寧に説明した。

「そんなことは袴田さん、あなたの見間違いよ。なんでそんなことをする必要があるの。そんな一皿ぐらいケチって。人はそれぞれ病気を持っているんだから感染したらどうするのよ。ホームの大事件になるわ。私だってトレイが運ばれてくると、あら、今日の私の肉は大きいとか、今日のお魚は私の方が小さいわとか無意識に比べているの。私は魚が好きだからなお気になるのよ。それにね、袴田さん、あなたは知らないけど、私は夕方のダイニングのテーブルね、毎日アルコールで消毒しているのよ。悪い菌を殺菌しているの。これは私自身がやっていることだから、疑いようもないでしょ」

こう説明して否定はしたが、袴田さん自身が納得して疑いを払拭したかはわからない。

この袴田さんのことがあってから数日後のことだった。朝食を終えてリーダーの山内さんが袴田さんに連れ添って歩いていた。私たちは同じ二階なので部屋まで一緒だった。

その時リーダーが、「袴田さん何か悩みがあるの？　元気がないので心配だな。ボクも悩みがあるのよ。生活苦でお金に困っているの、五十万貸してくれませんか」。袴田さんの反応はない。部屋の前にきて袴田さんも私も各自の部屋に入った。

しかしこの瞬間、私はイヤなことを思い出していた。何ヶ月か以前の塚田さんの「五十万」と今日の「五十万」が符号したのだ。

私もリーダーからこんな冗談を聞いたことがあった。お正月も間近な時、私はリーダーにお子さんの年齢を聞いた。「七歳と五歳です。北沢さんお年玉をくれるなら七万と五万でけっこうですよ」。それで私は云い返した。「私にお年玉の話をするなら0《ゼロ》が一つ少ないんじゃないの」冗談を冗談で返していたことだ。私のように冗談を冗談で云い返せる者にはなんら障りはない。あとに残ることもない。

しかし、袴田さんに云ったこと、塚田さんのこと（塚田さんはこの時スタッフの人と云って名前は云わなかったが）、私に云った冗談、これは共通した問題をはらんでいる。このリーダーは入居者の気持ちを盛り立てるための冗談として云っているのだが、相手を考えなければいけない。高齢者にはほとんど判断力の低下が見られるのだから。

塚田さんの場合、冗談ととらえていたのなら私に訴えることはなかっただろう。袴田さんはその時の反応はまったく見られなかったが、「五十万貸してくださいよ」だけが心に残って、こだわり続けることは考えられる。

私自身、老化が進んだ時「冗談」がふっとんでしまって、「金額」だけは残る、こんなことがないとは云い切れない。こんな老化の形があっても不思議ではない。

袴田さんも先日の「料理の食べ残し」のことから考えても、とても冗談を冗談とうけ流している人とは思えないのだ。

そこにいきつくと、私の心は重くなった。高齢者の心の中に疑いとしてこだわりが残ってしまったら、そう考えると胃が痛くなった。その本人がリーダーであることが一層気を重くさせた。でもこれをホームに伝えなかったら、今まで私がホームに申し立ててきたことはなんだったのだ。単なる私の気に入らないという個人攻撃になってしまう。

それともう一つ。この時私は、入居者とスタッフの年齢差のギャップということも考えた。スタッフは私たちの子ども、孫の世代の人たちである。金銭に関しても今の人たちは私たちと違って当然だ。私たちの世代では、「お金は汚ない」、だから、「お金の話はタブー」という感覚、しかもこういう考えは女性、とくに良いところの奥さまだったら根深くあるのではないかと思ったのだ。

それで私は、すぐにホーム側に伝えた。その対応は早かった。伝えた直後、ホーム長が謝罪にきた。そしてその夕方にはリーダー本人が私の部屋にきて、「ホーム長からお叱りいただきました。ほんとうにありがとうございます」

私の方も、リーダーと直接話せたことで重かった心のわだかまりはとんでいた。

さみしい席替え

席替えがあった。それは私にとって「さみしい席替え」だった。大好きな西本さんと内藤さんがテーブルを離れることになったのだ。これはスタッフの久米さんから前日に告げられた。理由は、「今のままだとスタッフが北沢さんに甘えてしまうから」だった。

確かに西本さんも内藤さんも普通食。しかも基本的には自分で食べていた。しかし西本さんの場合、かなり手伝いをする必要があった。内藤さんは食事中眠ってしまうことが多い。それにこの人も食事中に鼻水を垂らす（食事をすることと鼻水はなにか関係があるのかもしれない。というのも、私自身食事中に鼻水をおさえることが多いのだ）。目の前にティッシュペーパーが置かれているのだが、鼻水の感覚がないのか手をのばすことはない。したがって、アゴの下までいってしまうことがある。もちろんスタッフは西本さんにも内藤さんにも気を配り、手をさしのべている。しかしスタッフはこの二人にかかりっきりではいられない。

他の入居者、他の仕事がいっぱいある。

私の方もスタッフにはけっこう気をつかっている。邪魔にならないように、スタッフが他の人にかかっている時、他の仕事をしている時を見計らって立って行き、西本さん、内藤さんの順で二人いっしょにフォローはしていた。

私が立場を逆にして考えていると、「目障り」「煙ったい」思いはよおくわかっていた。しかし、スタッフの中には、「ありがとうございます」と云う人もいた。その謝意もどこか素直に聞けない自分がいたことも事実だ。こうした中での久米さんからの席変え提案だった。その理由は当の自分がよく理解できたので、さみしかったけど承諾した。これは当然のことだと今も思っている。

ただその後の西本さん、内藤さんの様子、スタッフの気配りは気になった。当然私が加わっていた時のようにはいかない。これは仕方ないことだと思いながらもすっきりしたものではなかった。

藤堂さんはその時の私の行動を、「まるで母親が子供のめんどうをみているみたい」と云っていたが、私は自分の食事中のこのフォローを苦にしたことは一度もない。子供のめんどうをみるくらいは当り前のこと。ダイニングを出る時には、西本さんの箸運びを見、内藤さんにさりげなくティッシュをたたんで渡すのが習慣になった。

しばらく私は静観を決めていたが、どうも納得はいっていない。それは席替えの理由ではなく、久米さん自身の問題のように思った。彼は私のいくつかのお手伝いの現場を見ている。気まぐれでしているわけではない。一生懸命働いているスタッフへの感謝がそうさせているのだ。だから一度も、一言も「ありがとう」のない彼には私のスタッフへの感謝を無視されたように思う。スタッフは、「いつもありがとうございます」「めっちゃ助かる」と云う。入居者の私たちも食前のお茶一杯運んでもらっても「ありがとうございます」と云っている。ホームも人と人とのつながりで、当然のことだ。介護の問題以前のことだと私は思ってしまう。

歌の力はすごい

雛祭りの数日前からダイニングの入口には雛台が設けられ、お内裏《だいり》さまが飾られた。秀月《しゅうげつ》の幸福雛と書かれ、それは立派なものだった。

雛壇と同時に、ひな祭りの歌が思い出された。

〽明りをつけましょ、ぼんぼりに

お花をあげましょ、桃の花

五人囃子《ばやし》の笛太鼓

今日は楽しいひな祭り

幼い頃からなじんだ歌である。しかしこの時、（お内裏さまって？）この最上段に座す男雛のことなのか。女雛もお内裏さまなのかという疑問がよぎった。

それでひな壇の前で足を止めて見ていた仲よし二人組に聞いてみた。「お内裏さまは男雛、女雛はおひなさまよ」と教えてくれた。（そうなのか）と思いながらも私のモヤモヤは少し残ったままだった。

私はこのモヤモヤを後からきた藤堂さんにたずねた。藤堂さんもちょっと自信なげだったが、

「お内裏さまは最上段の二体のおひなさまだと思うわ。だって、ひな祭りの歌があるでしょ。あの歌の作詞はサトウハチローで、子どもたちが外でこの歌を歌っている時に、サトウハチローがあれではどうしてもお内裏さまとおひなさまが並んでいるとしか思えないって困った顔をしていたと、家族が語っていたのを何かで読んだ記憶があるの」

〽お内裏さまとおひなさま

二人並んですまし顔
お嫁にいらした姉さまに
よく似た官女の白い顔

確かに、「ひな祭り」の歌の二番の歌詞はこうだった。

藤堂さんの答えがちょっと自信なげだったので、私の頭の中にはかすかな疑問が残ったままだった。

その翌日、藤堂さんは「ステラ」の一ページを切りとって持ってきてくれた。その疑問はNHKの「チコちゃんに叱られる」という番組できちんと説明されていた。

「内裏」におわす高貴な人々、内裏とは天皇が住み、儀式や執務を行う宮殿。

「お内裏さま」とはひな壇の最上段に座す男雛と女雛を指す。一方、お内裏さまを初め三人官女や五人囃子など、ひな壇に並ぶすべてのひな人形の総称がおひなさま。

この時、藤堂さんはもう一枚の切り抜きを見せてくれた。

「お内裏さまとおひなさま、二人ならんですまし顔」の影響で多くの人が勘違いしてしまったようだ。これはハチロー先生の息子さんが語っていた、「おやじも勘違いしていたんじゃないかな」と。

そして「おやじの前であの歌のレコードをかけると嫌がったし、子どもたちがあの歌を口ずさみながら家の前を通るたび、まいった顔をしていたね」とハチロー先生の困った様子を暴露していた。

天下のＮＨＫが取材して書いたものだけに、早速私は仲よし二人組をつかまえ、自信を持ってこのことを語った。しかし、二人の反応は腑に落ちない表情だった。

「だってあの歌、ひな祭りにお内裏さまとおひなさま、二人並んですまし顔、でしょ」

私がサトウハチローの困り顔を力を入れて話したあとでこの反応だ。私は口をつぐむ方が賢いと思った。このことを藤堂さんに話すと「歌の力ってすごいわね」だった。

数十年経ってもハチロー先生が困った顔をし危惧した通りだ。多分、ＮＨＫが報道してもこの番組を見た中の一部の人には伝わったかもしれないが、藤堂さんが云った、「歌の力ってすごいわね」には叶わないだろう。「チコちゃんに叱られても、歌は全国に広まって歌いつづけられていくからね」は藤堂さんと私の感想だ。

この歌の歌詞に「お嫁に行かれた姉さまに、よく似た官女の白い顔」とあるが、ハチロー先生にはお嫁に行く前に亡くなられたお姉さまがおり、鎮魂の思いがこめられているそうだ。この歌を口ずさむと、しみじみとその哀しみを感じ、それがさらにこの歌に奥行きをもたらしているようだ。

ホーム小話　6

鳥越さんは、入浴日ということで少し遅れてダイニングにあらわれた。誰もがお風呂に入った日はさっぱりとした表情を見せる。

「お風呂だったんですね」

「ええ、いい気持ちでしたよ。家にいた時、家内に背中を流してもらったことなどなかったですからね」

そうして湯船で云うような口調で云った。

「極楽、極楽」

ひな祭り御膳

今日のイベント食は「ひな祭り御膳《ごぜん》」。

小鉢三種盛り（菜の花と塩昆布のおひたし、ひよこ豆とじゃがいものサラダ、
牛モモ肉のローストビーフ）
サーモンの三色タルタル菱餅見立て
海老《えび》真丈《しんじょう》のあられ揚げ
海鮮《かいせん》ちらし寿司
花麩《はなふ》と筍《たけのこ》の澄まし仕立て
甘酒のヨーグルトゼリー

このお品書きを見て、もう想像力豊かな人なら、このきれいな食事を想い描くことができるだろう。

実際、淡い色の花々が一面に咲きひろがった花園を見る思いだ。春、まっ盛りに色とりどりの花々がそよ吹く春風を楽しんでいる。

味はと云うと薄味。飲みこみトラブル防止のホームの味付けであることはやむをえない。

三時のおやつは菱餅を模《も》したピンクと萌黄《もえぎ》のロールケーキ。ここでもひな祭りいっぱいだ。

罪悪感

読売新聞に、ライターでイラストレーターの吉田潮さんの文が載っていた。

母親が介護していた認知症の父を特別養護老人ホームに入居させ、「施設に父、罪悪感とつきあう」と題し、もっと介護できたのではないかという罪悪感とつき合わざるを得ないと書いていた。

父親が排泄《はいせつ》を頻繁《ひんぱん》に失敗するようになり、母親はその後始末や精神的な葛藤《かっとう》で疲弊《ひへい》していく。父親が転倒し、入院。その時インフルエンザに感染。看病していた母親も感染し、それを機に在宅での老々介護は限界だと施設に入れることを決断。ホームに入居した父親の、「ホームに閉じ込められた俺の気持ちがわかるか」とつぶやくことがあったそうで、そのたびに母親の心は揺れ、実際に一時帰宅をさせたこともあったとか。しかしその時の排泄処理に疲れ切るが、それでも諦めきれなかったようだ。その母親自身の入退院がつづくと、さすがに父親も帰宅を口にはしなくなったそうで、しかし、娘の彼女には罪悪感があると結んでいる。

この吉田さんの文章を読んだ時、二つの言葉、「ホームに閉じこめられた」と「罪悪感」が心に絡《から》んできた。これは私がホームでの生活を綴ってきた中で使用するのを躊躇《ためら》っていたからだ。

この記事から二つの痛ましい事件が思い出された。その二件とも夫婦の老々介護の結末であった。

夫が妻を介護し、それに疲弊し切ったあげく妻を殺し、そして自らも命を断った。

もう一件は、妻が夫を介護し、あげく夫を殺し、そして自らも命を断った。

テレビの報道だから詳細はわからないが、長く連れ添った夫婦が介護のあげく相手を殺し、そして自らも命を断つ。想像を絶するすさまじく、痛ましい事件だ。

この章を書き始めた時は、すでにコロナ感染拡大でホームは自粛規制で、家族との面会も禁止、それが延長延長となっていた時期と重なっていた。外部からくる理美容師たちもこなくなり、アクティビティで来ていた音楽クラブの先生も介護予防体操の指導者も半減した。コロナ感染による自粛とそれが高齢者、とくにホームに入っている高齢者にとってどう影響するのか確かなところはわからない。テレビではこれに関係する専門家の意見も報道されていた。

私は、このホームでの厳しい自粛は、むしろ自分たちの安全を守ってくれていると理解していた。

入居者たちだけではない。スタッフの人たちは私たち以上の規制が課せられている。家庭から通勤しているのだから、うつらない、うつさないは家庭生活でも緊張を強いられているだろう。職場のホームではマスクをつけるのはもちろん、食事も一人一人離れた場所で食べているのを見た時は胸が痛かった。こうしたスタッフの努力で、自分たちの安全が守られていると感謝している私でさえ、自粛の延長延長には気が重かった。長引く梅雨《つゆ》による雨と曇りの薄暗さも加わった。テレビはコロナと豪雨災害のニュースにほとんどの時間を当てていた。この不安が影響しないはずはない。このコロナ自粛の間にも一人の人が亡くなり（この亡くなった人のことは私とごく親しい藤堂さんが声をひそめて教えてくれたのであって、スタッフが漏らしたことではないことをここでお断わりしておく。藤堂さんはこのホームで長く親しくしてきた人だったので特別に「お見送り」をさせてもらったようだ）、三人が入院した（これに関しても、ダイニングから姿を消した人たちを私が観察していたものだ）。目に見えて身体能力、認知能力が低下してきていると思われる人たちもいた。

コロナ感染による自粛とそれが高齢者、特にホームに入っている高齢者にとって、どう影響するのか確かなところはわからない。

ホーム小話 7

ダイニングを出たところで、廊下を歩いてきた田上さんとぶつかりそうになった。「あっ！ 正面衝突するかと思った」。私はまともなことを云った。しかし田上さんはとっさに私をハグするように両手を広げていた。そして、「ああ、ハグできると思ったのに、ごめんなさい」と云ったのだ。

エレベーターに向かいながら、あのハグの仕草は常に入居者の転倒を恐れて、見守りしている心構えがとっさの動作にあらわれたのだろうと思っていた。

そう云えば、おぼつかない足取りでダイニングを出て行く戸板さんにあさちゃんは、「気をつけて帰ってくださいね」と声をかけていた。

ホームの中のちっちゃな花見

河津桜は他の桜に先がけ、かなり早く咲く。ホームの玄関脇にはいち早くこの桜が飾られた。それが朽ちると別の桜が活けられた。ソメイヨシノよりはピンクが濃いようだ。

令和二年二月のちょうどコロナ・ウイルスの拡大し始めた時で、ホームは家族の訪問も入居者の外出も禁じ、診療所の医療関係者のみが出入りしていた時期であった。

「外で見る桜には及びませんが、せめてホームで花見を楽しんでいただきたい」

というホーム長のメッセージが添えられていた。

その桜はソメイヨシノよりはわずかにピンクが濃いように見られたが、ちょっと離れた所から眺めると、屋内ではこの色の桜の方が見映えする感じであった。

ソメイヨシノはむしろ黒い樹肌の老木、しかも並木をつくると格別の風情がかもしだされる。青空の下で見上げるソメイヨシノは透けるような花びらが重なり、幻想的といえる光景を見せてくれる。さらに夜の闇の中では桜の周囲はほんのりした明るささえ浮かび上がらせる。

それが叶わない室内での桜は、ソメイヨシノよりこの桜の方が見映えするというのは新しい発見であった。

作品展示会で見た「呼びかけ」

ホームに入って数ヶ月が経っていた。手厚い介護は決してうたい文句ではなく概《おおむ》ねのスタッフはあたたかく、一生懸命やってくれる。私はまだ自立している部分が多いので、着替えから入浴まで介助を必要とはしていない。

炊事、洗濯、掃除はすべてお任せである。食事は栄養的にも、見た目にも、バラエティのある食事がテーブルに運ばれ、週一でシーツやカバーは新しくなり、洗濯物は入浴日の夜中に籠に入って部屋に届けられる。まさに食っちゃ寝、食っちゃ寝のもったいないかぎりの生活だ。この他にも介護予防体操をはじめ、さまざまなアクティビティが入居者の要望をくみとって用意され、季節ごとのイベントも数々行なわれている。

私は毎日のスタッフたちの活動をみているので、まだ動ける現在、できることは手伝いたいと思ってきた。ティールームの食器洗い、ガーゼ折り、新聞の四折り、ダイニングのテーブルをアルコール消毒し、各テーブルごとにティッシュケース、ウエットティッシュ、ゴミ籠、空になりそうなものには新しいものを補充し、各テーブルに置いていく。シーツ交換の朝はカバー、シーツなどを外し、スタッフの手間が省けるようにする。しかし、これらのお手伝いが何だと云うのだ、という思いは常にあった。

すべて用意され、手をさしのべられている生活はもったいない、ありがたいことではあるが、人はこれで満足とは云えないものがあるということに、うすうす気づいていた。すべて一方的に与えられているもので、自分が主体的にしているものは一つもないのだ。用意されたものを享受するだけ、それがホームだ。

それが私たち（と云っては語弊がある——老いが進んで、身体もさまざまな認知能力も低下してきた場合は、この私たちの中には入らないというのが正解かもしれない）の不満だった。だからと云って、これに関してはおいそれと解決するのは難しい。

それがあるイベントをきっかけに、一歩踏み出せるかもしれないという期待をもった。それはコロナ・ウイルスで自粛がよびかけられた直前だったと思う。

一階のファミリー・ルームは、このホームはもちろん、近隣の同系列のホームの入居者たちの作品展示会場となった。

編み物、書、絵画、壁掛けなどが展示された。「一期一会」の書が掲げられていた。素直で、衒《てら》いのない書が気に入って、その前に立ち止まった。とその横に一枚の原稿用紙が貼ってあった。それは練馬のホームの西君子さんとその仲間が書いたものだった。私はそれを読んで、自分と同じ思いを持った仲間が声をあげているのを見て、うれしかったのでそれを書き写した。

九一歳男　食っちゃ寝、食っちゃ寝の毎日、もったいないと思わないか
九二歳女　お金はいらない、奉仕活動がしたい

八〇歳女　何かしていればいい、社会とつながりができ、ボケない、若返りになる

九一歳男　危険のない自分たちにできる仕事を選んでほしい。ホーム長か区役所の相談係りに頼みたいがどうだろう

四人　　　賛成。この寄せ書きを読んでくれて仲間に入ってくれたら、尚うれしい

年齢は皆さん私より上の人たちだ。その人たちが声をあげてくれたことがうれしかった。同じ思いを抱き、しかもそれを声に出してよびかけるということが私を感動させた。私はさっそく西さんに手紙を書いた。こうして四人と私の手紙、電話による交流が始まった。コロナ感染による自粛が始まり、ホームの出入りが禁止された頃だった。

ホームに入って半年余り、私がホームでは満たされないことがこの西さんたちのよびかけに同じくこめられていたのだ。私より年上の人たちばかり。その人たちがこんな思いを声にしてあげたことに私は驚きと同時に感動さえ覚えていた。

栄養面でもクリアされ、飲みこみトラブルを防ぐ調理された食事、きれいに洗濯されたシーツ、洗濯物は入浴日の夜にはきちんとたたまれて戻ってくる。「食っちゃ寝、食っちゃ寝」、私たちはほんとうにもったいないかぎりの生活を送っている。

しかも、スタッフたちは私たちが安全で安心して生活ができるように、一生懸命働いてくれている。私は、日頃スタッフたちのこの姿、行動に感謝してきた。しかし、どれもこれもすべて与えられるものばかりである。西さんたちのこのよびかけにあるように、人の役に立ちたい。社会のためにささいなことでもしたい――それがホームでは唯一満たされずにきたものだった。

同じ思いを抱き、しかもそれを声に出してよびかけるということに心を打たれ、私はすぐに西さんに手紙を書いた。こうして近隣ホームの四人と交流が始まった。

奉仕活動

しかし、私たちを引き寄せた「何か人のために役立ちたい」という目的は容易ではない。ホームで生活する私たちが奉仕活動をすることは、一つ一つ検討していく中で極めて難しいことがわかってきたのだ。奉仕活動には多少の労力、そして手弁当程度であっても金銭が絡《から》んでくる。私はまだ自立組で一人で歩行もでき、身辺のこともお手伝いを必要としていない。しかし歩行は柔軟性がなく、しかもふんばることが難しい。頭の方は今のところ年相応の低下はあるものの、まだ理解力、判断力に支障をきたすほどではないと思っている。

手弁当程度の金銭（災害があった地域に駆けつけるボランティアは交通費をはじめ、準備品は基本的に自己負担している）、これは自分一人の問題ならば、すぐにでも解決できる。

私は以前から足長おじさんの奨学金支援に関心があった。進学したくても、経済的理由で断念せざるをえない若者たちを支援したいと思っていた。コロナでこの支援活動もままならないことが報じられ、この思いは強くなっている。

しかし、ホームで行なう活動は自分一人でするのではなく、仲間を募ってしたいと願っているからだ。基本的にホーム内では現金のやりとりは禁止されている。それはこうした施設では必須だと理解している。そのためわずかであっても現金を動かすことはできないのだ。

しかし、西さんたちのホームでは近くの幼稚園にお手玉を贈ろうという案はあるようだ。このホームでもマスク作りの話はあった。しかしこのコロナ感染でスタッフたちは平常時より仕事量はふえていると私は見ていた。それでこの感染が収束するまでは、スタッフの協力を頼むことは中断しようと決めた。

しかし、強い意志と四方に張りめぐらすアンテナ、そしてなにより仲間がいれば必ずよい方策を生み出せると確信している。

西君子さんの著書

私はある時、西さんのこれまでのキャリアをたずねた。それは私が書く手紙とそれに対する返事の電話を通して、西さんという人はどういう生き方をしてきた人だろうかと、関心を強めていたからである。

長く教職一筋にたずさわってきて、その間の努力の過程と考えを書いた著書も何冊かあることを聞いた。

私は夫に西さんたちとの交流も伝えていたので、その著書にも触れていた。うれしかったのは夫がどうして西さんの著書をさがし当てたのかは聞きそびれてしまったが、西君子さんの書いた『子どもがみえる教師』という本を送ってくれたのだ。

ちなみに私は、まかり間違っても教職には就くまいという気持ちがあって、大学で教職課程はとらなかったという経緯がある。その私が驚いたことは、人と関わるということは教師と子どもを越えて、このホームで私が実践してきたことに通じるものがあったことだ。

西さんは、その著書の中で、

「子ども（人間）には一般に人（友だち）と十分な関わりを持っていると感じた時に心が安定する傾向がある。安心感が人間関係を形成していく原点であろうと考えている」。「教職の人生を生きてきて私は幸せでした。子どもたちに元気をもらい、共に成長して、そしてお給料までいただき、今こうしていられるんです」。

ホームの入居者たちの多くは過去しか持たない人が多い中、西さんのこの言葉には現在が現に息づいている。そして、それが私との交流にもつながったと考えるのだ。

コロナ感染の自粛の延長延長で七月に入っていた。梅雨明けも遅れ遅れまだ雨の日は続いていた。

西さんたちとWEB面談

そんな中で、ホーム長が、「西さんとの面会をWEBでしようということになりました」と伝えてくれ、日取りも決まった。私はWEB面談はまったく知らないが、テレビでは日常的に見ている。その小規模のものと考えた。

画面には西さんを中心に右側に山口さん、左側に村田さんが映った。この日、もう一人の方は用事があって参加できなかった。三人とも明るく温厚な印象だ。

西さんはやさしい校長先生、校門の前で学童たちを迎えてきた人の人生がそのまま表情にあらわれていた。

画面右下には、小さく私の映像が映っているので、これが先方の大きな画面に映っているのだろう。

私は西さんの著書を持って臨んでいたので、それをかざし、西さんの情熱をそそいだ教職人生に感動したことを伝え、それは単に教職の現場に限らず、私自身が学び、感じ取り、そしてホームでの生活に反映されていることを西さんに話した。西さんは「そう云っていただくのは光栄です。私自身も人間関係に共通することだと思っています」という意味のことをおっしゃっていた。

山口さん、村田さんとは短い紹介だけで終わったが、こんな仲間がいて日々語り合えるホームはすばらしい。途中、山口さんは入浴の時間だと云って席を離れた。こんなところはホームならではのことなので、ほほえましかった。

ホームをとりまく環境は、私のいるホームの方が恵まれていた。近くに大きな公園があり、そのためか小鳥たちも飛んでくる。特に私の部屋の前には隣家の大きな竹林があり、四月か

料金受取人払郵便

神田局
承認

3681

差出有効期間
2023年4月30日まで

切手不要

郵便はがき

101-8796

513

東京都千代田区
神田小川町2-3-12 神田小川町ビル

株式会社 芸術新聞社

●お名前（ふりがな）	●年齢 歳	●性別 男・女

●ご住所 〒 - 都・道 府・県 お電話 （ ）	
ご職業	購入店名
e-mail	
本書を何でお知りになりましたか？	

アフターサービス、新刊案内、マーケティング資料、今後の参考とさせていただきますので、お手数おかけしますが、各欄にご記入の上、お送りください。ご記入いただいた情報は、上記以外には使用いたしません。

ご購入書籍名

本書についてのご意見、ご感想をおきかせください。また、とりあげてほしい企画、興味をお持ちのことをお聞かせください。

ご協力ありがとうございました。

注文書

＊このはがきで小社刊行物をご注文いただくと、より早く確実にお手元にお届けします。

書名	冊
書名	冊
書名	冊

ら五月にかけてはうぐいすの鳴き声も聞いた。

西さんは、「あら、うぐいすの鳴き声なんてもう長い間聞いてないわ。コロナが収束したら、おにぎりを持って、そちらに出向きたいわね」と云った。

今朝も竹林でミーンミーンと蝉が鳴いた。昨日は平年よりかなり遅れた梅雨明けだった。本格的な暑さはなかったので、あのミーンミーンと蝉のふりしぼるような力強さは聞かれなかった。

芭蕉の「閑かさや岩にしみ入る蝉の声」を思い出した。これからは私が楽しんでいる小鳥のさえずりや、プランターで成育する植物の様子など、折々に季節の便りを近隣ホームの西さんたちに届けることを約束した。

四人の呼びかけ

「誰かのため、社会のために役立ちたい」この言葉を口にした時、私は祖母のことを思い出していた。

祖母は一人の子どもを亡くしていたが三人の子どもを育てあげた。祖母が晩年を迎えた時、三人の子をよび、前に並ばせたと云う。

これは私が母から聞いたことである。

「私はあなた方子どもたちのためには一生懸命やってきた。だけど、社会のためには何ひとつしてこなかった。私はこの体をせめて医学のために使ってほしいので献体します。この書類に署名をなさい」

その語気は有無を云わせない強いものだった、と母はその時の様子を語っていた。いざ献体となった時、家族が反対してトラブルになるのを避けるため、前もって家族の同意を必要としているのだろう。因《ちな》みに私は夫に私の献体を申し出たことがあった。しかし夫は「アルコールに漬けられた私の遺体」を想像するだけでイヤだと反対した。もっとも、私は祖母が持っていたほどの強い願望のなかったことも事実だ。

祖母は一介の主婦だった。その主婦がどのようにして「献体」を知ったのだろうか。今のようにスマホで何でも検索できる時代ではない。きっと祖母の「社会に役立ちたい」という強い願いが、常々アンテナを張っていたのだと思う。そして登録までの運びに至ったのだろうと思った。

祖母が亡くなると登録しておいた大学病院から霊柩車《れいきゅうしゃ》がきて、遺体は病院に運ばれて行った。

それから半年か一年も経っていただろうか。祖母の遺体の解剖にたずさわった医学生たちから一言ずつ感謝の思いを綴った寄せ書が遺族に送られてきた。

その学生たちの言葉を読みながら、私は祖母が医学に貢献した、社会の役に立ったのだと初めて実感した。

端午の節句

五月が近づいた日、端午の節句にちなんで、鯉のぼりが張られた。二〇メートルに及ぶロープが張られ、左端から吹き流しを先頭に黒のお父さん鯉、赤いお母さん鯉、そして青いお兄さん鯉、さいごに緑の弟鯉と並んだ。風のない日はまるで鯉は大きな干物のように、ただぶら下がっている。しかし風のある日は、なんとこの四匹の鯉はまるで池を勢いよく泳ぐように大きな口をあけ、生き生きと力強く空に舞い、泳いでいる。布製の鯉たちが大気に遊び、はね回っているのだ。それはおおらかな光景だった。

コロナ・ウイルスでホームの出入りが禁じられ、自粛疲れの閉塞感の中で大きく深呼吸をしたひと時であった。

入浴日には菖蒲湯が用意されていた。スタッフは、「少し枯れてしまったけど、五月に入る前にまとめて買っているのでしょう」と申しわけなさそうに云った。確かに葉先きはすでに黄色く変色し菖蒲の独特の香り、「立夏」から放たれるピンとした香りはほとんどない。しかし、コロナのこの時期、入居者全員の菖蒲を用意するのは大変だっただろう。東京、日本、世界をおおった灰色の雲にわずか透間を見た入浴だった。

コロナ下で聞いたホーホケキョ

コロナ・ウィルス拡大による緊急事態要請が延長、そしてまた延長が出されていた。ホームでは家族の面会も禁止され、外部から来る音楽、介護予防体操の指導者たちもこれなくなった。月一回あった理美容の日もなくなった。ショートカットだった私の髪はもうしばらくしたら後ろで結べるほどになっていた。

ホームでは手洗い、うがいはもちろんのこと、廊下の手すりや各部屋のドアノブなどが頻《ひん》繁《ぱん》に消毒され、換気も行なわれた。スタッフは夏日のつづく日もマスクをして立ち働いている。介護施設に通勤してくるのだから自粛ストレス、緊張はさぞやと思う。私たち入居者は、ホームの中にいた方が安全だとはわかっていても閉塞感は否めない。

そんな先の見えない不安な日々、朝の目覚めと同時にサッシを開け放った。と、その時、うぐいすの澄んだ声、ホーホケキョを聞いたのだ。姿は見えないが、竹林から聞こえてくる、重苦しい空気を吹き飛ばすような鳴き声だ。私はウッドデッキで外気を吸いこみながら、そのくり返すホーホケキョに聞き入った。その鳴き声は食事に下りて行く時になってもつづいていた。私の心は小躍《こおど》りしていた。話してあげたい人がいるというのはうれしいものだ。

案の定、藤堂さんは目を見開いて「羨《うらやま》しいわ」と云った。その時、藤堂さんはこんなことを話してくれた。

「以前、秦野《はたの》に住む娘が迎えにきて連れて行ってくれたの。秦野のちょっと奥に入ったところだけど、うぐいすがいっぱいいて鳴いているのよ。うぐいすの鳴き声もいろいろで、きれいなホーホケキョもあれば、まだヘタな鳴き声のも」

私は、うぐいすが群れているなどとは想像さえしたことがなかったので、

「そうね、人間だって藤堂さんみたいに張りのある、きれいな声で歌える人もいるし、私のように音痴で、しばらく歌ってから、ああどうやらあの歌らしいとわかる人もいるんですもの」

と云うと、藤堂さんの答えは違っていた。

「親鳥に鳴き方を教えてもらっても、まだ親鳥のように上手に鳴けない鳥もいるのよ。たくさんのうぐいすが群れているから、そういうこともわかるのね」

話題はうぐいすから花に移った。一本一本もすてきだが、群生してこそ一層きわだつ花もある。

私が昔、日本海を下る列車から見た光景——長い海岸線に沿って咲いているコスモスの群生、風にゆらいでいたその美しさを話すと、藤堂さんは家族と一緒に行った伊豆半島爪木崎《つめきざき》の白い水仙が一面群生していた光景を話してくれた。私は群生した水仙の景色は見たことはなかったが、青空と青い海をバックに広がった白い水仙の群生をありありと想像することはできた。

藤堂さんは云った。「旅行した所へもう行くことはできないけれど、こうしてお話することで思い出して、何度も旅をすることができるのね」

ほんとうにそうなのだ。そして、ホームの片隅でこんなに心豊かな旅を何度もくり返ししていることに感謝した。

ホーム小話　8

藤堂さんの朝食は洋食。だから、主食はトーストだ。そのトーストの色が日々違う。今朝は「白ウサギ」。ほとんど焦げめがついていない。しかし昨日は「キツネ（色）」だった。これは見た目にもおいしそうだ。バターをぬるために裏返したら焦げすぎ、「タヌキだ！」。それで私は云った。「キツネとタヌキのだまし合い。どっちが勝つかな？」。藤堂さんは笑った。そして「キツネ」。当然ですよね。

一〇三歳の誕生日

「社会とつながる」「ボランティア」と云っても、ホームに入居している私たちが具体的に考えた時、労力を使うことは自分の体力の衰えをみても難しい。寄附と云っても自分の生活を全《まっと》うし、それでもゆとりがある分を役立てることは不可能ではない。しかし、私は自分一人というより仲間をつくってできることを考えていたので、これは非常に難しい。寄附は私が提案していくものではないはずだ。この点でも壁が立ちはだかった。

コロナ・ウイルスの拡大で自粛の延長がくり返された中、私は思いもよらないことに、しかも自分の足元のホームで出くわしたのだ。

それはこのホームの最年長小和田さんの一〇三歳の誕生日のことである。

五月、小和田さんは一〇三歳の誕生日を迎えた。通常入居者の誕生日はティールームで花のブーケが進呈され、居合わせた人たちがハッピーバースデーを歌って祝う。しかし今日は最年長、しかもホームに一番のりで入居された方ということもあったからだろう、昼食前のダイニングで行なわれた。「お誕生日おめでとうございます」のタスキを首から掛け、頭上にはキラキラ輝くティアラがのっている。

この時の小和田さんのお礼の言葉が私の心を打った。

「私は九〇歳でこのホームに入居し、ここで今日一〇三歳を迎えました。その間、朝から夜までスタッフさんのお世話で、そのおかげで、元気にこれました。ありがとうございます。おかげで私は今も編物をし、新聞折り、箱づくり、エプロンたたみなど、スタッフさんのお手伝いをしています。スタッフのみなさん、ほんとうにありがとうございます」一〇三歳のお年で朝から夜までの自分が受けているあたたかなお世話をしっかりと見、そしてその感謝の心を伝えていることに感激した。

その夕方、居合わせたスタッフの翔君に私の感激を話すと、「小和田さんはスタッフへの恩返しだと云っているんです」と云う。

恩返し——なんて重みのある言葉だろう。

スタッフたちのこと

その日、私は今まで自分が目にしたスタッフたちのことを、数えあげるように思い出した。

認知症のかなり進んだ入居者の手をとって「おいっちに、おいっちに」と掛声と共に廊下を往復しているスタッフ。

入居者の誕生日にティールームに居合わせた一人一人の手をとって「誰々さんの誕生日を祝ってくださってありがとう」と礼を云っているスタッフ。

車椅子の中で、くず折れるように長い間眠っている認知症の進んだ入居者を、二人がかりで抱き起こし、「夜眠れないのは苦しいからかわいそうだ」と云った翔君。

家族の介護を通して人の役に立つ仕事がしたい、そして就職実習で老人ホームの介護現場を見て、「かっこいい」と思ったと云い、

「それでも、心が折れそうになる時もあるでしょう。その時はどうするの」という私の質問に、「目の前に困っている人がいるから頑張れる」と答えてくれた佐原さん。

水分補給と云っても、飲むのを拒む認知症の入居者に膝まずいて語りかけ、語りかけ、語りかけ、ようやくコップ三分の二ほどの紅茶ミルクを飲ませたスタッフ。

入居者のお手伝いに、必ず感謝の言葉をかけるスタッフ。

食事の料理を食べやすい形にあれこれ工夫してくれるスタッフ。

薬の服用に「お医者さんから勧められている大事な薬ですよ」「あー、あと一粒お願いします」「あー、終わりました。さすがです。ありがとうございます」と云うスタッフ。

「夜勤の時はお腹がすくのでは」と云う私の問いに、「夜勤は神経をピリピリさせているので、お腹は空きません。でも明けの日はお酒を飲んでリラックスします」と云ったスタッフ。

私が多くの入居者と仲良くなっているのを見て、ホームが明るくなったと喜んでくれたスタッフ。

こうした良い面ばかりを列挙したが、これは概《おおむ》ねのスタッフと云い直した方が正確かもしれない。すべてのスタッフたちに一〇〇パーセントを望んだ時期もあった。どの組織だって一〇〇パーセント優秀なんてことはない。もし一〇〇パーセントなんてことがあったら、息が詰まってしまう。仲間の姿勢、入居者の感謝に少しずつ成長していけばいい。もし成長できずに終わるスタッフがいても当然だ。一人の人間の中にだって私自身欠点も多く、矛盾した面も持つ人間だ。スタッフや入居者を見て学んできたものも多い。

そう長くはない未来の人生を、このホームの人たちに恩返しをしていこう。ホーム長の云った「社会性を持った大きな家族」、これは立派な社会だ。こんな自分の足元で見つけたことは驚きでもあり、うれしいことだった。それでも迷い、なるようにしかならないと思うことはあるだろう。しかし私はあの頃に戻れたらと思うことは一度もなかった。それはこう生きるしかなかったといつも思うからだ。

自然を楽しむ

部屋の前には二〇メートル余りの土手があり、そこには、赤、ピンク、その間に白っぽいツツジが満開を彩《いろど》った。ツツジが終わりに近づくと、スタッフが手前に置かれたプランターに、人参、ナス、ブロッコリーそして数種のバラの苗木を植えてくれた。

私は毎朝、部屋のカーテンを開け、換気の際広がる竹林とその花々を確認するのを日課としていた。時には竹林に鳥が飛んでくる。今朝は、鳩より小振りのキジバトが一羽飛んできた。昨日は番《つがい》のシジュウカラが竹林を飛び交い、戯《たわむ》れていた。都心でこんな自然を楽しめる環境は珍しい。しかし、これらを楽しめるようになったのは、ダイニングで日に三回顔を合わせる向かい席の藤堂さんのおかげだ。

私には、自然を楽しむという習慣はなかった。毎日が忙しかったということと、生来の性格のせいだとずっと思ってきた。

藤堂さんは、「あなたには集中してやることがあったからよ。私はずっと専業主婦できたから」と藤堂さんらしい返答をしてくれた。

しかし性格のせいと長年思い込んできたものが、藤堂さんとの会話の中でだんだんほぐされ、花にも鳥にも関心を持つようになり、同時にそれを楽しむようになったのだ。藤堂さんは常々、「知らないことを知るのは楽しい」と云っていた。

黄色いクチバシを持った小鳥はムクドリ、背にちょんちょんと斑点《はんてん》の入った小振りのハトはキジバト、他にシジュウカラ、世田谷区の指定鳥はオナガ、花も山法師、侘助《わびすけ》、沙羅双樹、蠟梅《ろうばい》、これらもすべて藤堂さんに教えてもらったものだ。

日本にはこんな雅《みやび》な奥ゆかしい名称もあるのだ。文字が単なる記号でないことが、こんなにも豊かな文化をつくり出している。

藤堂さんの部屋の外にはホームの地つづきの庭がある。今はカランコエが鉢からあふれ落ちるように咲いていた。カランコエは毎年根を張り、増えていくと云う。タンポポも二輪咲いていた。タンポポはどこからか胞子《ほうし》が飛んできて根づいたものだと云うが、藤堂さんは清掃のおじさんに抜き取られないように周囲の雑草をきれいに取ってしまったのだと云う。これなら清掃のおじさんにも、「このタンポポは立派な花です」と伝えることができる。

これには裏話がある。ダイニングのサッシの外にはいくつかのプランターがあり、植木が植えられているのだが、今年その一つのプランターの植木の根元に、タンポポが二輪咲いていて、私たちはそれを楽しんでいた。タンポポは朝食時の冷たい時間には花弁をちぢめ、しおれた様子だが、昼食時にはパッと開いているのだ。私たちは、そのタンポポを話題に楽しんでいたのだが、ある日二輪とも見えなくなった。私たちは清掃のおじさんが雑草と思って抜き取ったのだと云い合い、がっかりしていたのだ。

「私の家の庭には草花がいっぱいだったの。祖父が千葉は九十九里浜の近くに住んでいて、草花の苗を買ってきて、庭にはいつも花がきれいだったのね。それを見て育った母もまた、庭に草花をあれこれ植えていたわ」

そんな環境の中で藤堂さんの花を愛する心は育《はぐく》まれてきたようだ。

コロナ感染の拡大でホームの出入りが禁じられている時期に、ウッドデッキのバラが咲き始めた。一番に濃い紅色のブルーユが咲いた。次にパスカリという白いバラがツボミをふくらませていた。

「バラは七分から八分の頃が一番きれいよ」と云うのも藤堂さんが教えてくれたことだ。それで私はパスカリが七、八分頃を見逃がすまいと思っていたので、その朝、早速藤堂さんにそのことを伝えた。あいにく、その日は他の予定を入れていたというので翌日を約束した。しかし、その日は夏日。東京は二十七度を超える暑い日だった。朝いちばんに外を見ると、心配していたようにパスカリは開き切っていた。七、八分の時が「いちばんきれい」というのは日頃から花を愛している人の確かな目が教えてくれていたのだ。ブルーユもエリナもツボミをつけている。次回は決して見逃さずいちばんきれいな時に藤堂さんに見てもらうのだと意気込んだ私であった。

プランター

ウッドデッキにいくつものプランターが並び、色とりどりの草花が花を咲かせている。私はその中でもネモフィラが好きだ。薄むらさきのやわらかな花がいい。このネモフィラを見て、目をつむると、ひたちなか市のひたち海浜公園に広がる一面のネモフィラを思い描くことができるのだ。

ある日、スタッフがプランターにトマト、ナス、ブロッコリーを植えてくれた。

一番に花を咲かせたのはブロッコリー。淡いクリーム色の花だった。成長が早く、たちまち七、八十センチになった。これは私たちがサラダなどにして食べるのとは種が違うのかもしれない。茎は細く、花を次々と咲かせた。ブロッコリーはその重みですっかり傾いてしまった。痛々しいので割り箸を数本立てて茎を支えることにした。

次に、トマトが小さなクリーム色の花をつけた。そしてナス。薄むらさきの素朴な花だ。

しかしある時、トマトに小さな小指の先ほどの実を見つけた時は小躍りする思いだった。いとおしく、かわいくて、そっと手の平に抱きとってやりたい思いだった。今は固い青い実だが、成長して色づいていくのが楽しみになった。

その直後、入居者の希望もあって、スイカの苗が二つのプランターに計四本植えられた。これを希望したのは、九十五歳は越していると見られる武夫さん（長野さん）だそうだ。武夫さんは八ヶ岳に広い農地を持っていて、スイカ、白菜などを栽培していたという。畑中に置かれたトラクターの前に立つ武夫さんの写真を見せてくれた。トマトも楽しみだがスイカはそれ以上に楽しみだ。武夫さんによるとスイカもトマトも剪定《せんてい》が必要だそうだ。そんなことを語る武夫さんの表情は明るい。

別々のテーブルになった夫婦

長野さんご夫婦は別々の部屋に住んでいる。フロアも違う。入居した時期がずれていたのかもしれない。ダイニングでは一つのテーブルをはさんで向き合っている。座っている間、奥さんの里子さんは向かいの夫にのべつまくなししゃべりつづけていた。しかし夫の武夫さんはテーブルにうつ伏せになって眠っていることが多かった。

認知症がかなり進んで里子さんは介助を必要とするテーブルに移ったので、武夫さんはひとりになった。スタッフは「里子さんは向こうにいますからね」とたびたび声をかけていた。武夫さんは食事が終わって部屋に戻る時、大回りして里子さんのいるテーブルに近づくことがあった。やはり気になるのだろう。奥さんを確認すると、歩行器を押してひとり去って行く。声をかけることはなかった。

しかし、里子さんの方は夫のことをすっかり忘れているのか、それらしい言葉を出すのは聞いたことがない。ある時は、「ああ、とうに死んだよ」と云ったこともあった。部屋も別々でダイニングで向かい合うこともなくなった。里子さんにしてみれば、夫はとうに死んでしまっているのかもしれない。

ある日、スタッフがスイカの苗木を買ってきて、ウッドデッキのプランターに植えた。二つのプランターに二本ずつ。計四本のスイカだった。このスイカの苗木は武夫さんの希望だったという。スタッフは「武夫さんはスイカ栽培のプロなんですよ」と云った。私はスイカの実がどのように成っていくのか楽しみになった。

スタッフは時々武夫さんをウッドデッキに誘い出し、スイカの苗を指さして話をしていることもあった。

そんな中、武夫さんは誕生日を迎えた。当人は「九十五」と答えたが、生まれた年を聞くと「大正」ということだった。（武夫さんにかぎらず高齢者は自分の年を正確に云う人は少ない。しかし、生まれた年は覚えているのだ。年齢は年々一歳ずつ増していくが、生まれた年はそのままだから当然だ）。「大正」から計算してみると九十五歳は越えているはずだ。

八ヶ岳の農場

スタッフは例のスイカの苗木から武夫さんを、「武夫さんは農場を持っていて、スイカや白菜などを栽培していたんですよ」と紹介した。すると武夫さんは、歩行器のフタを開け、だいぶ手あかのついた写真帳をとり出した。その写真には八ヶ岳だという広い農場に収穫されたたくさんのスイカが積まれていた。別の写真には延々とつづく白菜畑があった。その畑中にトラクターがあり、その前に立っているのが当時の武夫さんだと云う。トラクターを運転していた武夫さんにとっては、この八ヶ岳に広がる農場は長年かかって築いてきた財産であり、キャリアなのだ。

話は八ヶ岳から自分の家系に及んだ。「三〇〇〇年も前からつづいているんだ。だから潰れることはない」。スタッフは「えー、それじゃ紀元前だ」と云って笑った。私も笑った。

「このあたりの者はみんな親戚、ここの大家も親戚だ」。武夫さんの中では広大な八ヶ岳の農場はこの町にも広がっているんだろう。ウッドデッキのプランターはちっちゃな、ちっちゃな農場だが、土の感触にも作物にも変わりはない。

スイカの隣りにはトマト、ナスが植えられている。トマトは小さな黄色い花を、ナスは紫色の花を咲かせた。トマトは小指の先ほどの小さな実をいくつもつけ始めた。その頃になると武夫さんは剪定が必要だと云い、トマトの茎枝とそこに実りはじめた小さな実を切りとった。剪定した茎枝は土にさしこんだ。（これは一ヶ月も経つと立派に根付いて、シャンと立っていた。トマトが挿木できるとは意外だった。）

剪定された青いトマトは大きいもので人差し指の先っぽぐらい、小さいのは小指ほどだ。そのトマトの実があまりにもかわいいので、私は拾ってティッシュに包んだ。自分ひとりで楽しむのにはもったいなくて夕食時のダイニングで各テーブルを回って、そのちっちゃな収穫物を見てもらった。「かわいい！」と云う人もいれば、それが何なのかまったく関心を示さない人もいた。

ある日、武夫さんはダイニングを出る前に奥さんのいるテーブルにきていた。しかしそこに奥さん里子さんの姿は見えなかった。その様子に気づいたスタッフが、「里子さんはお部屋で食事をとっていますよ。お元気だから安心してください」と云った。しかし武夫さんはしばらくその場に立ちつくしていた。

ホーム小話 9

あさちゃんが藤堂さんと私のお茶を運んできた。「熱いのでヤケドしないように気をつけてください」

藤堂さんは猫舌、私は熱、熱、フーフーして飲むくらいのが好きだ。確かに熱い。

「これは熱いわ」

「私の情熱。熱がこもっていますから。それでヤケドしないように注意してくださいと云ったんです」

「でも、あさちゃんのこの熱は熱すぎる。ヤケドするに決まってる！」

このあとあさちゃんに会ったら、「俺にさわるとヤケドするぜという決め科白《ぜりふ》があるんですよ」と教えてくれた。

世代のギャップか、私はそんなカッコイイ決め科白は知らなかった。

伝えない方がいい？

その時、私はあることを思い出した。体力が低下し、自分に自信がなくなってきた頃である。小説も長編、内容の暗い重いもの、テレビに映るスポーツの試合で勝負で熱くなるものが苦手になっているのに気づいた。同時に私は、家族に、「以後、私の知っている人たちの訃報は私には絶対知らせないで」と伝えた。死別の辛さ、悲しみにはもう耐えられないのだ。会わなくなった人は会わなくても私の中では生きていて、死別の悲しみは味わわないですむ。老いはこんなところにもあらわれるのかと思ったことだ。

武夫さん夫婦の場合、部屋が別々、これが長い期間つづけば（現に里子さんは、夫はもうとうに死んだよと云ってるのだ）、武夫さんの心にはダイニングにはいないが、里子さんは部屋で食事をしているし、もし入院というケースになったら、「入院ですよ。元気になって戻ってくるので待っててくださいね」とでも云われたら、妻は永遠に病院にいて、死別の悲しみは体験しないですむ。高齢者の場合、「これもありかな」と自分のことに思い合わせた。

ダイニングで見ていた人がある時から見かけなくなることがある。その中に時々話もし、親しくなり、ダイニングで手を振って挨拶をする。しかしもう二週間以上ダイニングには下りてこない。椅子はそのままになっているので、そのうち会えるだろう。どうか椅子が片付けられないでほしいと願った。しかしこうした時、「あの人はどうなさっているの?」と聞いても決まってスタッフは、「個人情報なのでお話できません」と答える。ホームにはこうしたルールがあり、スタッフはみんなそれを守っている。私は「個人情報」という壁があって、私の気持ちははね返されることを知ってからは、聞かないことにした。徒《いたず》らにスタッフを困らせるだけだと考えているのだ。私個人の気持ちとしては淋しい思いがないわけではない。しかしホームでは、それは致し方ないと認めるしかないと思ったのだ。

ある時スタッフに、「ホームで働いていて一番辛いことは?」と聞いたら、「それはお別れです」ときっぱりとした返事が返ってきた。人にはそれぞれ決して踏み込んではならない領域があるのかもしれない。

今日ウッドデッキに出てみたら、トマトがいく分か大きくなっていた。すべての植物がいとおしく感じた久々の晴天だった。

面会禁止中の面会

コロナ感染でホームの出入りは厳しく制限されていた。家族の面会も禁止。しかし家族からの届け物は受け付けていた。それは事務員やスタッフが玄関口で受けとり、直接入居者の部屋に届けていた。

私にも多少の淋しさと不自由さはあったが、「うつらない、うつさない」という思いが強かったので、むしろ厳しい自粛には安心感を持っていた。しかし中には淋しさのあまりだろうが、家族がこないことに不満を云う人もいた。私はそのつど、「特に高齢者、持病を持った私たちには感染は命にかかわることもあるのだから、家族もホーム側も当然の配慮なのだ」ということをくり返すしかなかった。

そんな最中《さなか》、昼食前のことだった。スタッフが私のテーブルの斜向《はす》かいの西本さんに「ご家族が面会にこられましたよ」と云い、西本さんを歩行器に移動させ、ダイニングを出て行った。

なんて配慮のない人だ！　私のテーブルの隣りには、家族が面会に来ないと嘆きと不満を訴えていた水戸さんがいるのだ。多分このスタッフの声は水戸さんにも聞こえただろう。

私の席からは玄関まで見通せる。玄関に、いつも面会にきていたマスクをつけた娘さんが立っていた。歩行器の西本さんは玄関からかなり手前にスタッフと一緒に立っていた。

私は水戸さんを意識して声を大きくして云った。「面会といっても五メートル以上も離れているんだから、顔が見えたというだけだわね。面会は禁止されている時だから仕方ないけど」

それでも、ダイニングに戻った西本さんの表情は明るかった。

高齢の入居者が家族と面会できないことをどんな思いで耐えているのか。この切ない気持ちがわからないでする介護ってなんなのだという思いだったので、その日のうちに私はホーム長に申し立てた。

それ以後、家族が顔を見にきた入居者は、「ちょっと用があるので」と云われ、ダイニングを出て行くようになった。

こんなことは介護マニュアルには書いてないだろうが、ふだんから入居者を見ているスタッフなら決して難しいことではないはずだ。

認知症と老化によるボケ

「認知症」と「老化による自然のボケ」をどう区別していいのか、私にはわからない。それにその判別ができたとしても、私は医師ではないのだから、その点については追及しない。しかしボケと云っても十人十色、様々である。

里子さんとエレベーターで一緒になった。歩行器の里子さんにはスタッフが同行している。「どこへ連れて行くのよ。警察を呼ぶよ。誰がこんなとこに連れてきたんだ」

スタッフは「おいしい食事ができてますから食べに行きましょう」となだめている。「武夫さんが待ってますよ」とも云った。武夫さんとはご主人の名前だ。里子さんはご夫婦で入居しているが、部屋は別々だ。入居する時期がずれていたのかもしれない。

ダイニングのテーブルは、二人さし向かいで座っている。ご主人がいる時は、常に夫に話しかけている。しゃべりまくっていると云った方がいい。うまくかみ合っているとは思えない。夫のほうは何かこたえようとしている様子は見られるが、通じているようではない。高齢のご主人は、テーブルにうつ伏せて眠っていることもある。

ある時は、「あんた、自分の名前を云ってごらんよ。覚えてないの。云ってみなさいよ。じゃあ、私は何ていう名前？　云ってごらんなさい」を延々と続ける。

「ＵＦＯよ。ＵＦＯが飛んでくるのよ。わかる？　ＵＦＯよ」

「誰がここに連れてきたのよ。殺されるんだから、早く逃げなきゃ。みんなで警察に行きましょうよ」

「こんな地獄の底に誰が連れてきたんだ。わたしゃ早く帰りたいよ」

「さわるな！」

こんな尋常でない暴言を聞いても対応しなければならないスタッフは大変だ。しかし、これも介護だと私は気持ちを持ち直す。

里子さんの食事が運ばれてきた。するとご主人の方を指さし、「早く持ってこい」と云った。「今、順番に用意をしていますから」とスタッフはその場を去った。「早く持ってこいって云ってるんだ」

男性スタッフが行くと、女性スタッフを呼べと云ってるらしい。さきほどの女性スタッフが行く。今度はトイレらしい。女性スタッフが歩行器で一緒にダイニングを出て行った。

戻るなり、また暴言がはじまった。「だましやがるんだから、お前なんか向こうへ行け！」と云ったかと思うと、まだ手をつけていない煮物の器を投げとばした。中身の煮物が床にとび散った。女性スタッフはそれらを拾い集め、床を拭いた。その間ご主人の方は何も云わず黙りこくっていた。

「病気のせいだと思っても辛いわね」。私は通りがかったそのスタッフに云った。「どこに行ってもあることです。みなさんにこんなことをお聞かせしてすみません」が答えだった。

一日中動き回る

やたらと歩き回る人もいる。スタッフは転倒しないように常に見守りに気を配らなければならない。

車椅子で動き回る人もいる。石上さんだ。食事を終えると早やダイニングを出てしまう。食事以外の時間はほとんどホーム内をエレベーターを利用して一階、二階、三階と動き回っているようだ。おやつの時などは自分の分を食べ終えて、人のに手を伸ばすこともある。運ばれたおやつをすぐに食べはじめるとは限らない。テーブルの上にのったおやつに石上さんが手を伸ばした。しかし、取られた方の入居者は抗議もしないし、訴えもしない。だから、スタッフは注意していなければならない。

この石上さんは、私が入居してきた頃、けわしい恐い顔をしていたので、正直なところ私は敬遠していた。

それがある日、「敷居の低い音楽会」（これは私が命名したのだが、スタッフが入居者のリクエストでピアノを弾き、それに合わせて歌っている会なのだ）。この歌の会で石上さんがしっかり歌っているのを聞き、私は思わず、「石上さん、歌上手なのね」と初めて声をかけた。かすかに顔をゆるめたようだった。

歌の会が終了して、そのままおやつの時間になった。私は自分の分と一緒に石上さんの分も運んでテーブルにおいた。飲み物は砂糖と牛乳の入った紅茶だった。

これがきっかけで、石上さんのあの険しい、恐い顔がゆるんで、廊下やダイニングで会うと手を振るまでになった。その手の振り方がちょっと変わっている。招き猫のあの手つきと云ったらいいだろうか。指を曲げて招くような仕草なのだ。それで私はそばに行き、「この手は何を招いているのかな。お客もこないし、おやつもこないから（昔、石上さんは社交ダンスをしていたと聞いたのを思い出して）わかった！　イケメン、イケメン男性だな、くるといいね」

こんな冗談をとばすと、石上さんはそれを理解したのか面白そうに笑う。そして相変わらず車椅子でホーム内を歩き回る。そのため、私とも出会う回数は多い。そのたびに私たちは招き猫の手振りをする。その時、石上さんは楽しそうだ。そしてまた車椅子を動かし、去って行く。

ある時、珍しく石上さんが漢字ドリルで勉強しているのを見つけた。開いていたページには五つのやさしい漢字が印刷してあって、それを書き写すもののようだ。五つの漢字のうち、正確に書けているものは一つもなかった。それでも私はうれしかったので、

「勉強するなんて偉いね。私も勉強しているわよ。ボケないようにね」

ある日、兄夫婦が訪ねてきた。コーヒーカフェで私たちは備え付けのコーヒーメーカーを使いコーヒーを飲んでいた。そこに石上さんが車椅子で入ってきた。気のおけない家族なので、私は石上さんの入ってくるままにしていた。

私が「私の兄さんなの」と石上さんに紹介すると、石上さんはニコニコして、「この人（と私を指さして）は愛想じゃない」とはっきり云った。日頃私が挨拶代わりに対応しているのではなく、お愛想ではないそれなりにきちんと向き合っていることを云ったのだと思う。

私はうれしかった。石上さんはまた車椅子を動かし、廊下を移動して行った。

午後のティールーム——ただただ眠っている

おやつが終わってしばらくした時スタッフが、

「剣持さん、お部屋に戻って、お食事までしばらく休みましょうか」

と声かけをした。

「私はこれから、医者の診察に行かなければならないんだよ。最近、毎日通っているんだ」

「でも今日は土曜日、それももう夕方ですよ。明日は日曜日。だから、この二日間はお医者さんもお休みですよ」

「そんなことはない。昨日行った時、休みだなんて云わなかったよ。ここから二つめの駅、駅の構内にあるお医者だ」

「それにしても三キロはあるからとても車椅子では行けませんね。少しお部屋で休んでからにしましょう」

剣持さんは、納得のいかない憮然とした表情をした。

こんなゴリ押しの場面も、時々目にする。時には、私自身の頭が混乱することさえある。動き回ることも、しゃべりまくることもなく、唯々車椅子の中で丸くなって眠っている人たちも多い。

特に午後のティールームで見られる光景は、まるで枯草が土手にしなだれかかって、くず折れている様子に似ている。ある人は車椅子の中で身動きもせず、丸くなり、ある人は椅子やソファにもたれて半折れになって眠っている。

高齢者がどうしてこんなに眠りこけるのか、私はずっと不思議に思っていた。ホームの看護師にたずねると、「交感神経と副交感神経」の関係で説明をしてくれたが、私はそれだけでは納得がいかなかった。

私自身、夜は九時間も眠る。決して眠りが浅いとは思えない。しかも日中も、ちょっと体を伸ばそうとしてベッドに入ったり、テレビを見ながら椅子に座った状態で三十分位眠ってしまうこともある。それでもすっきりしないのだから、自分でもうんざりしてしまうのだ。

私は老いのボケが進んでいった時、できることなら車椅子の中で丸くなって、静かに、静かに枯草のくず折れる形を願うのだが、この自分の願い通りいかないのは百も承知だ。残酷だなと思う。

コミュニケーションの醍醐味

今朝ダイニングで藤堂さんに「ボケ」について話かけた。藤堂さんはお母さんの介護にあたって最期を看とっているからだ。

「母はね、今で云う徘徊もなかったし、ボケて無茶を云うこともなかったわ。介護は大変だったけれど、その点では助かったわね。よく云ったことにこんなことがあったわ。信州信濃《しなの》の新ソバよりも、わたしゃあなたのそばがいい。それにもう一つ、沖の暗いのに、白帆が見ゆる。あれは紀州のみかん船」

「こんな母だったから大変な介護もできたのかもしれないわね」

と付け加えた。

信州信濃の、は藤堂さんにそばにいてほしい時、そしてもう一つの歌はみかんが食べたい時に云ったという。直接思いをぶつけず、こうした歌で表現したとは、藤堂さん母子らしい光景に私は感銘した。こんな素敵な話が聞けるのもホームだからだと思った。

それで、私は云った。

「なんてほのぼのとした介護の現場なの。私、いただきだわ。さっそく書きとめておくわ。そしてスタッフさんにお願いしておくの。私がもっと老いて、あまり言葉でうまく表現できなくなったら、先きの歌を指さしたら『そばにいてちょうだい』。あとの歌をさしたら『みかんを持ってきてちょうだい』」

だけど、今のスタッフさんたちに、こんな優雅な表現がわかるとは思えない。こんなことを楽しめるのも、私たちの世代でお終《しま》いだと思うからだ。

そしてそのお昼、藤堂さんは「あなたが語りかけてくれたおかげで、母の云ったこんな歌のことまで思い出せて、ほんとうに楽しかったわ」

これが会話、コミュニケーションの醍醐味というものだろう。一つの話題を二重、三重に発展させていける。私は最高の恵みを受けていると感じた。

私はその二句の歌を書き留めて、机の中に大事にしまった。

信州の青い空、白い雲の下、白いソバの花が波うつ畑、そしてザルに盛られたおそば。

夜の暗い海でも白帆をあげた船はほの白く浮かび上る、それは紀州から都か大坂に運ばれるみかんを積んだ船なのだ。

その二句の光景までも目の前にありありと見ることができ、その風景と同時に藤堂さん母子のほっこりとした介護の情景を想像して楽しんだ。

ここで紹介した藤堂さんの二句の歌には後日談がある。

ダイニングを出る時、三階の仲よし二人組に会った。平野さん、石川さんはいつも手をつないでゆっくり、ゆっくりと歩いてくる。平野さんが「信州信濃の新ソバよりも――」と口ずさみ、

「北沢さんは出身地が信州なんですか？」

「私は東京生まれの東京育ち。信州信濃のは藤堂さんからお聞きしたの」

それで私は藤堂さん母子の介護話をして、もう一句「沖の暗いのに――」も伝えた。私たちは廊下の端によって藤堂さんの話で盛り上がった。

平野さんは、「白いおそばの花が一面咲いていたのを思い出すわ」

石川さんは、「部屋に戻って、信州信濃の、その歌を書きとめたのよ」

これには私もびっくりした。私は藤堂さんと話をする時、多少身を乗り出して、声も大きくする。なんと云っても藤堂さんは干支《えと》で私の一回り上、お互いに聞き漏れがないようにと思っているからだ。でもこの多少声を高めた会話が隣のテーブルの人たちも聞いて楽しんで

いるのを知ったことは、さらにうれしいことだった。

このことは藤堂さんも喜んでくれるだろう。藤堂さんはそういうお人柄なのだ。

案の定、藤堂さんは喜んでくれた。

「母もきっと喜んでいるわ」

ギャフン

興奮さめやらぬ私は、その夕方、スタッフにこのことを話した。私の気を許しているスタッフは、こうした入居者間の楽しい話題を一緒に喜んでくれた。

しかしである。このあと世代のギャップが暴露された。

「その信州信濃の――それは落語？」

これにはさすがギャフンだった。しかしこれが私が常に感じる世代のギャップだ。私たちの子どもとも孫とも云える年代の人たちだ。聞いたこともないだろう。テレビから得る知識の中にも入っていないだろう。しかしこれがホームの現実の一面である。

次の日、朝食を終えた私を手招きする人がいた。鳥越さんの奥さん、仲良し二人組の平野さんや石川さんと同じテーブルの人だ。

「あなた方お二人はいつも楽しそうに話していらっしゃるわね。何をそんなにお話しているのか羨ましいと思っているの」

それで私は、鳥越さんの奥さんに、楽しい話のおすそ分けに行くことを約束した。

鳥越さんはこのホームで、人に配慮し話しかけている唯一の男性入居者だ。せっかくの機会だから、ご主人ともこのおすそ分けを共有したいと思い、部屋を訪ねた。

二人部屋は南向きで明るく、広々した感じがあった。中央にソファと椅子が二脚置かれ、私はその椅子に座った。ご主人は「ウエルカム」と云い、手を差し出してくれたので握手をした。

前置きもなく私は藤堂さんとの会話を切り出した。初めの「信州信濃の――」と云いだした時、ご夫婦二人が唱和したのだ。お二人とも知っていたのだ。次にと云って、「沖の暗いのに――」はもう最初から歌っていた。さすがこの年代の教養ある人たちと思った。

「このみかん船は都か大坂に向かっていたんでしょうか」

「そうでしょうね。大消費地ですからね」とご主人。この歌でやりとりしたという藤堂さん母子の介護風景を語った時には、ご主人は大きく拍手した。こういうことのできるご主人なのだ。

ところで、気になっていたこと。私はこの二つを句とか歌とか云ってきたが、ほんとうのところは知らない。藤堂さんにも聞いたが「ことわざ？　違うわね」という返事だった。

ご主人は端唄《はうた》とか小唄《こうた》とか、多分、浄瑠璃《じょうるり》からきているかもしれませんね、と云った。私にはまったく縁のなかったところだ。しかしこうしたやりとりは、私たち世代だからこそできるものだと、鳥越さんを訪ねたことに満足して部屋を出た。

ウッドデッキ

親しくなる機会のない人たちとのふれ合いができたのは、二階のウッドデッキだ。前にはかなり広い竹林があって、朝には小鳥たちが来、そのさえずりが聞こえる。ウッドデッキの堤にはツツジが横並びに植えられ、その手前のプランターには、担当しているスタッフが入居者たちの要望などもとり入れ、今年は小玉スイカ、ミニトマト、ナス、ブロッコリー、バラが植えられた。去年、私が入居してきた夏には、柵をひょうたんがおおっていた。形のよいひょうたんが、一つ下がっていたのを覚えている。しかし、今年は柵は設けられず、従ってひょうたんもない。

うぐいすは、増沢さんとも話をするきっかけをつくってくれた。その時も、ウッドデッキには自由に出入りできないように、十センチほどしか開かないことを知っているので、私の部屋から直接ウッドデッキに出た。

ホーホケキョ、ホーホケキョの鳴き声を聞いた増沢さんは、上を見上げながら、

「うぐいすはホーホケキョ、ケキョ、ケキョ、ケキョと鳴くんだけれど、あとのケキョ、ケキョは谷わたりと云うそうよ」

こんな新情報を私に教えてくれた。さらに前の竹林を見て、

「筍をとりに行ったことがあるわ。靴を脱いで靴下だけで歩いて行くの。そうすると、足の裏にちょっと固いものが当たるから、そこを見ると筍の頭がちょこっと見えるの。土から首を出しちゃうと固くておいしくないわ。掘りたての筍はそのままでもおいしいわよ」

こんな話にまで発展するとは思わなかったが、これも「うぐいす」のおかげだ。

うぐいすの季節からだいぶ経った時だが、今度は「紋白蝶《もんしろちょう》」がきっかけになった。

それまでも、白い蝶がヒラヒラ舞うのはよく見かけたが、その日は一匹の紋白蝶がブロッコリーの黄色い小さな花の上をあちこち飛んでいた。それも、昼も午後も。そんなに長い間、

同じ花にとどまっているのは初めてだ。その時も、ちょうど増沢さんとウッドデッキで一緒だった。それを話すと、増沢さんはブロッコリーの花の近くによって見ていたが、

「この蝶はこの花のところで生まれたのよ。ここに青虫がいるでしょ。蝶の幼虫。この紋白蝶は自分の生まれたこの花を覚えていて帰ってきたんだわ」

増沢さんからは、またこんな新情報を得ることができた。話している増沢さんも生き生きして、楽しそうだった。


「トントン」


私は入居して十ヶ月を超えていたが、その間ただの一度も藤井さんの声を聞いたことがなかった。いつもスタッフが車椅子を押してきて、そのままテーブルに着くが、そのテーブルは私とは離れていて、後ろ姿を見るだけだ。

食事はペースト状でスタッフがお粥《かゆ》の上にペースト状の副菜を、何をどれくらいと聞きながら移していた。飲み物はストローで飲んでいる。

こんな状態をずっと見てきたので、私も藤井さんと話す機会がくるとは思ってもみなかった。

ある日、ウッドデッキに藤井さんを見かけた。スタッフが、ゆっくりと車椅子を押している。初めてのことだ。私は思わず網戸を開け、外に出て、「こんにちは」と云った。

私はこの時とばかり、赤くなったミニトマトをここにも、ここにもと指さした。藤井さんは私の指先に目をやりながらうなずいた。

ナスは最後の花を一つ残していた。

「これはナスの花。私、ここで初めて見たの」

「きれいね、かわいい。ナスの花は紫色なのね」

この声は、私にもはっきり聞きとれた。

ナスは大きくなったのは収穫した後だったので、小ぶりのものばかりが残っていた。

「これはナスの赤ちゃん。これは幼稚園児。これは小学生だわね。これは中学生？　高校生かな？」

こんな説明が面白かったのか、藤井さんの表情がゆるみ、

「かわいい。こんなにちっちゃいのね」

と云った。

スタッフが他の人の世話に移ったのを機に、藤井さんの車椅子を慎重に押して、ブロッコ

リー、バラと移していった。「バラはこんなにつぼみをつけているのよ」。藤井さんは一つ、二つとバラのつぼみを数え、つぼみは十個もつけていた。咲いているのは赤と白、一つずつだけだった。その花が顔をそむけるように後ろを向いているので、私は手でそっと前に向けて、「小さいけど、きれいでしょ」。藤井さんは笑顔を見せた。

プランターの端まできたので、私はゆっくりUターンした。その時、藤井さんが云った。

「私、あなたの名前知らないの」

「そうだったわね。お話したの初めてですもの」

私は名乗った。

「昔のことは覚えているのに、新しいことは忘れてしまう」

「大丈夫、藤井さんが私の名前を忘れたら、また私の方から名乗るから心配しないで」

すると藤井さんは、私の名を復唱した。私はうれしかった。それに藤井さんの笑顔を見たのは初めてなので、思わず私はVサインをした。

その後、藤井さんは私のたずねるままに昔のことを話しはじめた。それに対して私がさらに聞くと、それにも的確に答えた。会話はちゃんとキャッチボールになっているのだ。しかしあまり長引かせてはいけないと思ったので、私はスタッフを呼んだ。その時、私に向かって、

「トントンしていいですか？」

と云った。つまり私の部屋を訪ねてもいいかということだ。

「もちろん、いつでも待ってるわ」

と云うと、

「でも、私は一人では出られないの」

「お世話をしてくれるスタッフさんに云えば大丈夫よ」

私はそう云って、またVサインを送った。

驚いたのはそのトントンだった。そんな積極性を持っている人には、私はこのホームで出くわしたことがなかったからだ。

それに、「一人では出られないの」という言葉は私の心にささった。藤井さんに限らず、そうした人たちは、ホームでは珍しくないにもかかわらず、ほとんどの人たちは長い間にそういう状況に慣れて、受け容れてしまっているのだろうか。私はその孤独感、閉塞感を思い知らされたのも初めてのことだった。

スタッフが、そうした心の声に耳を傾けようとしているのは、日頃目にすることだ。しかし、スタッフは入居者一人の見守りではない。入居者と話している間にも、「よび出し」はかかる。

「はい、ちょっとお待ち下さい。うかがいます」

「もう少し入居者さんと話をする時間がとれるといいのにと思うんです」

と云ったスタッフの言葉が思い出される。

それ以後、藤井さんはダイニングに入ってくる時、出る時に手を振ってくれるようになった。笑顔は一瞬のものでしかない。しかし次へのほっこりにはつながっていくだろう。

ウッドデッキのミニトマトやナスは次々と花を咲かせ、実をつけた。収穫時期を迎えて切りとられた作物には（これは立派な作物だ）そのあとがある。

「ひとりで出られない」

藤井さんがある時「カナシイ」と云った。ふだん聞きとりにくい藤井さんの言葉だが、この時ばかりは私の耳にしっかりとどいた。

藤井さんの娘さんは頻繁《ひんぱん》に面会に訪ねてきていたようだ。それを聞いていたので、私はとっさに娘さんと面会できなくなったことを云ったのだと思ったが、それでも、「なにが悲しいの？」と尋ねた。「ひとりで出られない」がその答えだった。たしかに藤井さんは始終《しじゅう》車椅子でスタッフが移動を助けている。一人でベッドから車椅子に移ることもできないだろう。

それで、私は云った。「藤井さんが元気な時をスタッフさんに聞いて、私がトントンしてお部屋に行くわ」

私はダイニングのテーブルをドアをたたくように拳でたたいた。藤井さんはいつもより大きく笑顔を見せた。私の方が訪ねると云ったことがうれしかったのか、テーブルをトントンとドアをたたくまねをしたのがおかしかったのか、たぶんその両方だったと思う。

私は高齢者の「とじこめられる」というのが家族と離れてホームに入所することばかりではなく、身体的に自分の意志では自由に動けなくなる状態も云うのだと初めて知った。

宅急便お届け

その日も赤く獲れ頃のミニトマトは十個ほどあった。そこで私は一つの名案を思いつき、スタッフに話すと、「それは楽しそう」と賛同してくれた。

ダイニングでクズ籠の中に敷く箱折りは新聞の広告紙でつくる。ミニトマト用に紙を小さく切ってミニトマト用のマスを十個ほどつくった。

熟れたトマトをそのマスに入れるとかわいいお届け物が完成。ウッドデッキでミニトマトなどの生育を楽しんだ人たちを中心に、とりあえず十名をリストアップ。

親しい入居者でも部屋に入ることは用事のない限り遠慮している。しかし今日は、「宅急便お届け」という立派な用事がある。

「トントン、佐川急便でございます。今日は産地直送のミニトマトをお届けにまいりました」

中にはまだ意味がわからず、何かしらという顔をしたが、私がマスに入ったミニトマトを見せると笑顔になった。「産地直送、しかも無農薬のミニトマトです。お届け物ですので、ここにハンコかサインをいただけますか」。私が手の平をさし出すと、もう誰しもこの芝居を理解しているので、ある人は指でハンコを押す仕草、またある人は手の平にサインをした。

中には、「事故を起こさないように気をつけて下さいね」と云う人もいる。「このアルバイトが終わりましたら、高齢者の免許証返納を考えています」と切り返した。

こうして、ウッドデッキで赤く熟したミニトマトはみんなの笑顔のうちに幕を下ろした。

あともう一人、溝口さん。絵手紙を描き、今でもスケッチをしているので、ミニトマトは三粒、青い葉を添えて持っていこうと思っている。

こうして、七夕《たなばた》の短冊《たんざく》に書いた「ホームのみなさんの笑顔が一つでも多くなりますように」の願いはすこしずつ叶っていくようだ。

二度目の衝突――私は外を見たいのよ

二度目の衝突は朝のダイニングで起こった。

高齢者の中には光に弱い、つまり日射しを目の当たりにうけるのが辛《つら》いという人が多い。私もその一人だ。長い時間、まぶしさを我慢していると、ひどい場合吐気を催してしまう。

朝はカーテンすべてが上げられていることが多い。すでに下ろされている場合でも、スタッフは当然立った目線で調整するので、座った入居者の目には光線が入る位置になってしまう。この頃には、私は光に過敏な人たちを数人把握していたので、自由に歩ける私がカーテン下ろしをすることにした。

右手の席には、およそ三メートル幅のカーテンが二枚ある。光がまぶしいという入居者のために、そのテーブルの前の一枚を下ろす。サッシの外に敷かれた白い小石が反射するのだ(私の位置からは生垣の向う側の白壁の反射が辛い)。

もう一枚のカーテンは隣のテーブルの人たちに任せてさわらない。しかしこの時も、この隣のテーブルの人たちには、「こちら側だけ下ろさせていただきます」と断りを入れる。衝立《ついたて》風になった壁の左側、これが問題の人のいるところだ。そこにも二枚のカーテンが下りている。私はこの人の横のカーテンはさわらず、「すみませんが左側のカーテンを下ろさせていただきます」と断る。

鳥越さんは「どうぞ、どうぞ」と云い問題の人はそっぽを向く。左側のテーブルには光に過敏な人が二人いる。その一人は「ありがとうございます。助かります」と礼を云う。

ところがある朝、私はいつもの手順でことを運ぼうとした。突然、

「私は緑や外の様子を見たいのよ」

きつい口調だ。それに私はコツンときた。

「あなたの側のカーテンは下ろしていませんよ。左側だけです。ここには光に過敏な方が二人もいるんです。私自身、少し離れたテーブルでも、通りの向こうの家の白い壁が反射して、目の横から入って辛いんです。先日はそのために吐気を催したぐらいなんです」

私は一気に云ってしまった。彼女は首をプイッと斜め上に向けた。それに私はまたコツンときた。

「あなたはなんて傲慢な人なの。少しは周りの人たちのことも考えていただきたいわ」

「私を傲慢ですって！」

テーブルを同じにする鳥越さんは、「お二人で話し合ってください」とだけ云った。鳥越さんもいいようがなかったのだろう。

少し冷静になって私は周囲の人に不愉快な思いをさせたことを詫びた。しかし私の中に、その入居者への確執は消えてはいなかった。ただ、スタッフをまきこまないですんだのだけはよかったとつくづく思った。

ホームも部屋を一歩出れば、共有共同の場。しかしこれはホーム内に限らずどこでも云えることなのだ。


「ホームの皆さんに笑顔が一つでも多くなりますように」

七夕が近づいてきた日、スタッフが短冊を持ってきて、「何か願いごとを書いて下さい」と手渡された。私はすぐさま、「ホームの皆さんの笑顔が一つでも多くなりますように」と書いた。これは常に私が願っていることだった。

ホームに入居して十ヶ月を過ぎていたが、私はダイニングで向かい合わせの藤堂さんと出会い、友だちのいない淋しさを感じたことがなかった。話題は次々とあったし、会話の端々《はしばし》に藤堂さんの人柄をあらわすエピソードも、聞く私に新鮮な喜びと楽しみを与えてくれた。こんな様子を見ている隣りのテーブルの人が、「いつも笑って話していられるけど、何を話しているの」と聞いたので、「その楽しい会話のおすそ分けをするわ」と云い、それがきっかけで親しくなった人もいた。

だが、ほとんどの人たちとは、すれ違う時に軽く会釈するだけだ。ダイニングでもティールームでも、前に身をかがめて眠っている人が多い。

ホームにはいくつものアクティビティが用意されている。私は体操はすべて、その他には百人一首、音楽クラブに参加している。肺に疾患を持つ私は歌うことはできないが藤堂さんの張りのあるきれいな声で歌うのを聴きたくて、それだからこの時は必ず藤堂さんの隣りの席をとる。

こうしたアクティビティは自分の好きな分野だから、そこに集う人たちと親しくなる機会は多いはずだが、その時間が終了するとすぐ解散してしまうので、アクティビティが縁となって親しくなった人たちは少ないようだ。

ダイニングの席は一日三回の食事毎に顔を合わせ、食事までの待ち時間もそれなりにあるので、話す機会は多い。ダイニングで別のテーブルやアクティビティでも一緒にならない人となると、私でさえ親しくなることはないと云ってもいい。

溝口さんも島村さんもペースト状の食事を多少の介助を受けながら食べている。

ある時おやつの時間にスタッフが絵手紙を一冊の小さなアルバム風のものに整理して、それを溝口さんに、「これなら見やすいでしょ」と云って見せていた。私は近くによって、「その絵手紙は溝口さんにきたものなの？」と聞くと首をたてに振った。その葉書の数にはびっくりした。元気だった頃の溝口さんを彷彿とさせるものだった。

またある時は、ティールームでスタッフが準備した竹でつくったボールを並べたものを、溝口さんが写生をしているのだ。その絵は繊細なタッチでかなり精密に描かれていた。その時溝口さんは、「六人の子どものうち五人は絵を描いている」と、ようやく聞きとれる小さな声で云った。

島村さんとは、私が入居した直後に、ホーム長に連れられて近くの公園を散歩したことがあったが、それきり私たちの出会いは進展することはなかった。ある時、ティールームで一人でいる島村さんを見た。部屋の掃除の時には、スタッフが近くのティールームに移動させることがあるのだ。

話しかけた私に、島村さんは、愛媛から来たこと、息子が東大の法学部に入ったけれど自分は医学部を勧め、その一年後に息子さんは医学部に転部したそうだ。島村さんの自慢の息子というのは私にも十二分に伝わった。「ああ、なんて親孝行な息子さんね」と云う私の言葉に島村さんのそれはうれしそうな笑顔があった。その後、ほとんど言葉を交わすことはないが、溝口さんも島村さんも出会うたびに笑顔と時には手を上げる仕草を見せてくれるようになった。

ホーム小話 10

このところ、朝はちょっと冷えるようになってきた。最高気温と最低気温の差が一、二度という日もあった。そんな朝、木の葉さんは半袖の下着にいつものベストで朝食にやってきた。口元はいつも通り深紅のルージュが引かれている。

「寒くないの?」

「寒くありません」

だが見ている私の方が寒いので、私は膝掛けに使っている大きなハンカチを、三角に折って背から肩にかけてあげた。

「汚してしまうと申しわけない」

をくり返した。

「かまわないわよ。ハンカチだし、それに今日はお風呂の日だから洗濯に出すわ。気にしないで」

「おそれいります」

こんな時、私はスタッフに木の葉さんが羽織る物を持ってきてもらうのだが、その時は配膳で忙しい時だったので、私の方で遠慮してしまったのだ。

しかしこんなやりとりをスタッフのチョコちゃんはどこかで見ていたのだろう。木の葉さんのTシャツを持ってきてくれた。さすが! と思ってうれしかった。

木の葉さんはそのTシャツを着、やはり安心した表情になっていた。

歩行訓練は楽しい会話の時間

機能訓練師を見ていると、単に身体機能を維持・向上させるだけではなかった。歩行器を使って歩行しているミヤコさん、目も悪く、耳もかなり遠い。部屋で転倒してからは歩行器を使い、同時に機能訓練師が毎日のように連れ添って、長いL字型の廊下を二往復している。

「もう少し右足を上げて」

「もう少し歩幅を大きくしましょうね」

と云いながら、

「昨日より足が上がるようになった」

とか、

「昨日は一往復で疲れちゃったけど、今日は二往復歩けるようになった」

と常に励ましている。しかし、彼女のいいところは、「ほめる」だけではない。話し相手になっていることだ。入居者の中には、それを楽しみにしているのではないかと思われる人もいる。入居者の話したいことを聞き、それにちゃんと意見も述べて、話し相手になっているのだ。この長いL字型の廊下は楽しい会話の場になっている。忙しいスタッフたちはこんな長い時間話を聞くのは難しいからだ。

家族からの感謝

「いつもホームの中のこと、生活、会話などが手に取るようにわかるお手紙をありがとう。その中で皆さんの笑顔が一つでも増えるようにと振舞っているあなたの行動もうれしく思っています。藤堂さんはほんとうにいい友だちですね。藤井さんの笑顔とトントンには胸を打たれました。西本さんは入院されたということですが、大事なく早く退院されるといいですね。――」

これは夫からの手紙である。ホームで繰り広げられる様子が、家族に十分伝わっているのがわかると思う。だから私の家族は安心し、感謝をしている。息子などは安心し切っているのか、以前は時々かけてきた電話もとんとご無沙汰だ。コロナの影響を受けない会社は聞かないので、私の方はコロナに免じて何も云わずにいる。

コロナ感染で自粛が長引いても、私の「うつらない、うつさない」を十分に理解してくれている。なんと云っても私は高齢だし、持病に肺の疾患を抱えている。

自粛の厳しい生活は、入居者以上にスタッフに強いられている。特に熱中症対策が頻繁《ひんぱん》に報道されるようになってからのマスクの着用は、暑いし、息苦しいに決まっている。スタッフは常に声かけを心がけていて、その動きは休みがない。その様子も、私は家族に手紙で伝えていた。

うれしかったのは、夫がスタッフへの感謝を表わしてくれたことだ。私から夫に頼んだわけではないのに、代官山・小川軒のレーズンウィッチをスタッフの数に合わせ、送ってくれた。

　このレーズンウィッチは入居者間でも好評なので、夫はついでの時に私に持ってきてくれていた。購入するには前もって予約しておかねばならない。多忙の中でこうした行動をとってくれたことに私は感謝した。しかもそれはこの半年の間に二回にもなった。

その時、ホーム長は、

「入居者さん、そしてそのご家族の感謝の気持ちがスタッフにはなによりです」

と喜んでくれた。

「よろしくお願いします」

保科さんが白い犬のぬいぐるみを膝に乗せていた。保科さんがぬいぐるみを抱いているのは初めて見た。

「かわいいワンちゃんね。なんというお名前？」

保科さんはワンちゃんの頭をなでるわけでもなく、当然返事もしなかった。

このぬいぐるみは家族が差し入れたのか、スタッフが何かの理由があって渡したものかは知らない。

しかし、ぬいぐるみの小犬が保科さんの膝に乗っていたのはわずか二日間ぐらいだったと思う。

保科さんがこの小犬を気に入らなかったのか、あるいは小犬の方がなつかず部屋のどこかに隠れてしまったのか、あるいはホームがイヤで逃げて行ったのかは知らない。

二月に入ってしばらくして私は、保科さんを見かけることが少ないように感じた。たまにティールームで見かけても、動き回っているわけではない。頭をよぎったのはイヤな予感だった。なんと云っても九十九歳の高齢だ。急変することもあるだろう。その時私は淋しさを感じた。親しい友人でもないくせにと私はその淋しさを追い払った。

人の気配を感じて私は振り返った。その時私は手紙を書いていて、机に向かっていた。机は外に向けて置いてあるので、ドアには背を向けていたのだ。

保科さんだった。部屋の中ほどにまで入ってきていた。

「あら、こんにちは」。私は椅子から立って保科さんの車椅子の前に膝をついて座った。目線が同じ高さになるためだ。はじめに出た言葉は聞きとれなかった。相手の云っていることを聞きとれないと、私はいつも不安と不満を覚えるのだ。

だから私は、ゆっくりと大きな声で、

「ごめんなさい。よく聞こえなかったんだけど」

「——お別れにきた」

これははっきりと聞きとれた。

「お別れにきた」

もう一度繰り返した。

「お別れ?　保科さん、どこかへ行くの?」

「――恥ずかしいこともあったわよ――入った方がいい――よろしくお願いします。よろしくお願いします」

途中聞きとれないところはあったが、これらの言葉ははっきり聞きとれた。聞きとれないことは辛かった。以前にスタッフに同じことを云っていたことを思い出す。

私はスタッフが心配しているだろうと思い、「行きましょうか」と促した。

私はドアを開け、車椅子を後ろ向きのまま廊下へ出た。「あっちに行った方がいい」と云う。私は云われるままに、ティールームに向かって押していった。

そこにスタッフが飛んできた。

「すみません。保科さんお食事に行きましょう」

スタッフが云うと、保科さんは明らかに私に向かって、

「行きましょう」

と誘った。

「ええ、私もあとからすぐ行くわね。それではまた下でね」

その日、保科さんが云った言葉を思い返して考えてみたが、その真意は想像の域にとどまったままだった。

ただ急変？　と思った不安は払拭《ふっしょく》できて安堵《あんど》した。

しばらくして保科さんの「よろしくお願いします」が何を意味しているのかが判明した。食事を終えてダイニングを出ようとしたらしい。「保科さん一寸待ってね。お部屋に送っていきますから。でも一寸待ってね」付き添っていくスタッフは他の仕事がまだ終わらない様子だ。入口からテーブルの位置まで連れ戻された保科さんが「よろしくお願いします」と云うのが聞こえた。ああそうか。保科さんは居住階の廊下は自由に往復しているが、ダイニングから部屋に戻ることはできない。それで、「よろしくお願いします」と云っているようだ。私の部屋に迷いこんできて、私に自分の部屋に連れ戻すように頼んだのが、この「よろしくお願いします」だったのだろう。

ホーム小話 11

翔君が小和田さんの方へ歩いて行った。今日は珍しくエプロンたたみはなかったようで、テーブルの上には何もない。翔君は「小和田さん、いつもありがとうございます」と丁寧に頭を下げた。「できる間はね」と小和田さんは云った。

エプロンを取りに行くスタッフは、誰も丁寧に頭を下げお礼を云う。しかしこの時は、エプロンをとりに行く必要はない。スタッフは日々のシフトが決まっているので、出勤していても小和田さんに会うとは限らない。翔君はこの時わざわざ礼を云いに行ったのだ。

「お父さん、お母さん」

またある時、廊下で一人車椅子を動かしている保科さんに会った。「こんにちは」声をかけると、「行っていい、行っていい」と云った。前方を指さしているように見えたので、「散歩するの?」と云って、私はその車椅子をゆっくり注意深く押して、L字の廊下を往復した。しばらくして、見守りのスタッフが足早にやってきて、「ああ、ありがとうございます」と交替した。

「私をスタッフさんと思っているんじゃないかしら」と云うと、「車椅子を押すスピードや押す力の入れようが心地よかったんじゃないですか」と云ったが、そうかもしれないな、と私は納得した。

五月に入って、夏日の記録を出した暑い日だった。コロナ感染拡大があって、ホームではあちこちで換気が行なわれていた。その日も保科さんは一人で車椅子を動かしていた。私とすれ違いしなに、前方を指さした。私は近くにいたスタッフに、保科さんの車椅子を押して廊下を散歩すると断りを入れた。これまでのスタッフの様子から、私は入居者が勝手に車椅子を押すことは禁じられているように察していたので断わりを入れたのだ。私はL字の廊下をゆっくり二往復したが、戻ってくるとウッドデッキに入居者たちがスタッフと一緒に花の水やりをしていた。それで私たちも、ウッドデッキに出た。外気はあたたかく、風も心地よい程度に吹いていた。

ウッドデッキに出ると、保科さんは一人で車椅子を動かし始めた。表情もしっかりしているように見える。その時、「お父さん、お母さん」とはっきりした声で云った。「お父さん、お母さんを思い出したんじゃないかしら」とスタッフが云ったが、私もそうだろうと思った。もう一度、同じ言葉を出した。明るい、さわやかな外気が保科さんの心を解き放ったように思った。

「ヨリ子さんは？」長く一緒に暮らした妹さんの名前をスタッフが云ったが、なんの反応も示さなかった。

「保科さんは話好きの方だったの」

「ええ、とても頭がよくて、おキャンな面もあったわ。宇宙なんて壮大な話をすることもあったわね」

ホームにいると誰を見ても、ずっとおばあさんだったような思いが固定してしまうところがある。宇宙のような壮大な話――私は改めて保科さんを見つめ直した。

ピンクのハンカチ

ある日、保科さんは頭にピンクの花柄のハンカチを巻いていた。九十九歳の表情が明るく和《やわ》らいでいるように見えた。

ところがである。ティールームに入ってきて、私もテーブルに着いてコーヒーを飲んでいた時のことだ。布施さんが突然立ち上がり、「それは私のハンカチよ！」と保科さんの頭を指さして叫んだ。そして持っていたメガネケース（このメガネケースには水の入った小ビンが入っている）で保科さんの頭をなぐった。コチンと音がしたので私は思わずそばに寄った。

「そんなことを云うものじゃないわ！」

しかし当の保科さんはキョトンとして痛い！　とも云わなかった。抗議もしない。

「このハンカチをとり返したいのよ！」

布施さんの怒りはおさまっていない。

布施さんはいつもグレーのヘアバンドをしている。服といえば黒系、せいぜい茶系どまり。とてもピンクのハンカチを持っている人には思えなかった。

スタッフが飛んできて、事情を察して保科さんの車椅子を押して出て行った。それでことはおさまった。私は真偽のほどはまったく知らないが、不快感は残った。

そんなことがあってしばらくして、また同じことが起こった。それはダイニングでだ。その日も保科さんはピンクのハンカチを頭に巻いていた。布施さんが突然立ち上がった。

「あのハンカチは私のものよ！　あの人がとったの！」

と、隣りの席の鳥越さんに訴えていた。私は鳥越さんに向かって腕を交叉させ、×印をかいた。相手にしちゃダメです！　と云うつもりだった。なんのことか理解できない鳥越さんは、あっけにとられた様子だった。スタッフが車椅子を押して保科さんを離れさせた。

ところがこの日はこれで終わらなかった。午後のティールームで、例のピンクのハンカチの保科さんに向かってまた同じことを叫んだのだ。あたりかまわず、

「私のだから、取りかえしたいわ！」

と大きな声を上げた。スタッフがまた保科さんの車椅子を押して廊下に出た。私は追いかけて横に並んで云った。

「ねえ、保科さんには気の毒だけど、このピンクのハンカチはどこかにしまって使わないようにしてくれないかしら。以前もこのピンクのハンカチで布施さんがどうなったのよ」

スタッフは了解したという仕草をして保科さんを部屋に連れて行った。しばらくして保科さんは黒の柄のハンカチに、それに合わせてTシャツも大柄もようの黒地のものに着替えて出てきた。布施さんはその黒い柄のハンカチには何の反応も見せず無視した。以後、他のスタッフたちにも申し渡しがいったのか、保科さんのピンクのハンカチは再び見ることはなかった。

ある日、保科さんはきれいな色合いのスカーフを襟《えり》に巻いていた。保科さんはもともときれいな色のものが好きだということは聞いていた。例のピンクの花柄ハンカチは引出しの奥

にしまわれてしまったのかと思っていたので、私はちょっと心が痛んでいたのだ。胸元を飾ったスカーフは保科さんのお気に召したのだろう、そのスカーフを揺らすような仕草をくり返していた。スタッフがピンクの花柄ハンカチに代わるものとして見つけ出してくれたのだろう。こうした配慮ができるのもスタッフの思いやりだ。

布施さんもそのスカーフにはなんの反応も示さなかった。

最近では保科さんは廊下ですれ違う時に、高く手を上げたり、握手を求めたりする。私を友だちと認めているのかスタッフと勘違いしているのかはわからないが、それは問題ではない。要するに親愛の情をあらわしてくれているのだから。ただ、「ありがとうございます。お願いします」と云うことがある。私は何をお願いされたのか皆目《かいもく》わからず、その脈絡《みゃくりゃく》のないことに戸惑うことは常である。

漢字はよめる

ある時私の部屋の前で、「北沢美代さん」と大きな声が聞こえた。私を呼んだのではなく、その口調から部屋の「名札」を読んだらしい。さんをつける時もあれば、呼び捨てのこともある。この名札を読む時の声は、はっきりしていて明瞭なのが意外だ。

文字を読む能力は低下が少ないのかもしれない。

同じような体験は、ティールームで靖江さんがテレビを見ていた時にもあった。その日も私は靖江さんの肩をもみながらテレビを見ていたのだ。テレビでは福岡であった事件を報じていた。画面下には大きな文字で「警官は犯人に向かって拳銃を二発、発砲」と表示されていた。靖江さんはそれをはっきり声に出して読んだのだ。

「怖いわね」と私。「怖いですね」と靖江さん。「でもこれは福岡の事件でここは東京だから、心配はいらないわね」「そうですね」

私は靖江さんが会話をしているのは見たことがない。スタッフの声かけにも、「ありがとうございます」か、うなずくかだけだ。ちなみに毎日もう数ヶ月間も肩もみをしている私の名は「わかりません」と云うのだ。私はちょっと淋しい思いをする。

息子さんも、

「昔のことは覚えているんですが、最近のことはダメですね」

と云っていた。

それが画面に表示された文字、それも「警官」「拳銃」「発砲」といった日常的にはあまり使われない漢字をすらすらと読むのだ。漢字を含む文字は、昔からそれも長い年月習い覚えてきたものなので、すらすら読めるのだと云うことは私には新しい発見であった。

時にはスタッフがきっかけをつくる

野沢さんが、藤井さんの車椅子を私の脇に止めてくれた時、私はいつものように藤井さんと手を合わせ、「またね」と云い、野沢さんにはお礼を云った。すると野沢さんは、「藤井さんは北沢さんとこうして手を握り合うと、その日はご機嫌がいいんですよ」と云った。

この野沢さんの言葉に、私は藤井さんが一人で部屋を出られないことをかないいと云ったことを思い出した。自由に自分の部屋から出られない藤井さんにしてみれば、こんな小さなふれ合いでもうれしいことなのだと痛感したのだ。

こうして、食後私のテーブル脇まで車椅子を押してきてくれるスタッフは、ざっと数えあげても七人は下らない。私はこのことがとてもうれしかった。藤井さんの席からダイニングを出るにはそのまままっすぐ行くのが近道だ。

わずかな大回りでも自分では一歩も部屋から出られない入居者の悲しみを知って、私の脇を通ってくれるのだ。だから私は必ずそのスタッフに、「ありがとうございます」と云う。この感謝が、藤井さんに通じているのかはわからない。しかしこうした心配りを、スタッフがするのは当り前と思ってほしくないのだ。

私と入居者のつながりは、こうしたスタッフの後押しがなければ続かないことが多いのだから。

ある時、ケアマネを兼ねているスタッフの谷野さんがダイニングに入ってきた私に村瀬さんの背後で、

「村瀬さん、北沢さんよ。よろしくお願いしますね」

村瀬さんはペースト食。時々スタッフが手伝うくらいでなんとか一人で食べているようだが、ほとんど目を閉じていることが多い様子だ。私はしゃがんで肩に手を置き、「北沢です、よろしくお願いします」と云った。村瀬さんは、かすかにうなずいた。

あとで谷野さんは、「北沢さんなら、村瀬さんとも話をしてくださると思ったので」と云

った。

常に入居者と交流を持ちたいと願っている私だが、そのきっかけをつくってくれるのは、やはりスタッフだ。私はスタッフのこうした心遣いが、入居者たちのつながりのきっかけをつくってくれ、しかもそのつながりを継続させる手助けをしてくれているのを感じ、感謝している。

一ヶ月と四日

八月九日、一ヶ月と四日。私は指折り数えていたので、この日を正確に云える。

ダイニングの入口に背を傾けた車椅子にのった入居者が連れてこられた。マスクをしている。その入居者は淡いピンク柄のTシャツを着ていた。レオナール！　西本さんだ！　私はすぐに西本さんの元に行った。多少やせてはいたが、まちがいなく西本さんだ。「西本さん、私、わかる？」「わかります」。とたんに私の目から涙があふれた。うれし涙と云っても、複雑なうれし涙だ。こんなに長い間入院して帰ってくる時の西本さんを想像して、私は恐怖にも似た不安を抱いていたのだ。ともかく元気な姿を見た喜びとその不安から解放された涙だった（だいたいうれし涙を流したという経験はこれまでの私の人生ではなかった）。

「ああ、うれしい！　うれしい。こんな元気な西本さんに会えたんですもの」

西本さんは目をぎゅっとつむって、うなずいた。言葉はないので、この正確な意味は私にはわからなかった。

西本さんの食事が始まった。スタッフはおかゆを二、三回スプーンで口に運んだ。西本さんは口を開け、食べた。以前とまったく同じだ。次にスタッフは、スプーンを西本さんに持たせ、左手に取っ手のついたお椀をとらせ、食べるように促した。すると西本さんは自分で口に持っていった。

私はうれしかった。人にスプーンで運んでもらう食事より、自分で食べた方がおいしいに決まっている。それに、「食事をした」という満足感が持てると思う。スタッフが副菜をおかゆにのせるとそれをすくって食べた。途中でスプーンを重く感じるのか右手が傾いた。すると、スタッフが代わってスプーンで口に運んだ。それがくり返される食事だった。

翌朝も、同じように食事は進んでいた。ヨーグルトはスタッフが左手に持たせ、右手にスプーンをとらせると自身で食べ始めた。スタッフが少しでも自力で食べられるように様子を見てくり返しているのだ。この光景に、私は思わず「感謝、感謝！」と介助しているスタッフに向かって心の内で叫んだ。

スタッフ内野さんの、「感謝、感謝！」そして私が叫んだ「感謝、感謝！」これらの場面が重ね合わされたこの数日だった。

この「感謝、感謝」は入居後、さらにその家族にとっても感謝の思いを深め、そしてスタッフの介護の質の向上にもつながっていくものではないだろうか。そしてその結果は、再び私たち入居者にかえってくるという好循環を生み出していく。

河辺さんから「家に帰れない」と聞いて以来宙に浮いたままになっていた問題、「家に帰れない」に話を戻そうと思う。

私はこの一連の「感謝、感謝！」を目の当たりにしてから、「家に帰れない」という思いはそのままでいいと考えるようになってきた。私の中には、どこか「家に帰れない」という思いを目の敵《かたき》にして消し去ろうとするところがあった。自分の家族、長くなじんできた家はずっと心の内にあって当然だ。このホームに、居場所、十分に人との関わりを持っていると感じた時に、心は安定していくと確信したからだ。同じ自分の中にあっても、この両者は相反してはいるが、対立することはない。そして私はこの時、教職に一生を燃やしてきた西さんの言葉、「子ども（人間）には、一般的に人（友だち）と十分な関わりを持っていると感じた時に心が安定する傾向がある」をホームの生き方に見たと思った。私は改めて、西さんとのつき合いができたこのホームでの生活に感謝していた。

薬の服用で感謝、感謝

ダイニングでは食事の介助もひと苦労だが、薬の服用もなお難しいようだ。薬は決しておいしいものではないが、スタッフは処方通りに服用させなければならない。

保科さんは食後三粒の薬が処方されている。その薬を飲ませるのにスタッフの内野さんは独特だ。

「保科さん、食後のお薬です。お名前を教えてください」

私の席には保科さんの答える声は聞こえてこない。

「はい、まず一粒、お願いします！　ああ、さすが保科さん、ありがとうございます」

最後の一粒を飲みこむと、

「ああ、感謝、感謝！　ありがとうございます！」

こう云って、大きな体を二つに折って保科さんに向かって手を合わせるのだ。遠くで見ている私でさえ、ああ、よかった飲んでくれた！　と心の内で叫んでいる。ましてや、スタッフの内野さんにしてみれば、まさに「感謝、感謝」であり、思わずガッツポーズの代わりに手を合わせたくなるのだろう。

しかし当の保科さんは何の反応もしない。キョトンとして宙を見ている。このかみ合わない対照的な仕草が、私にはなんともほっこりする場面なのだ。

元気でいたい

ドアをノックして松崎さんが顔を出した。「北沢さん、すみません。ご無理でなかったら三階の食器洗い、助けてください」

ドアをたたいて、こんなことを云ってくるスタッフはいなかった。しかし私はこのことがうれしかった。私が三階に出向くのは、「百人一首」の時とたまのガーゼ折りだけ。食器洗いまでは出しゃばり過ぎに思っていたからだ。松崎さんが声をかけてくれたのがきっかけで、三階の食器洗いも日課になった。

洗い終えた私に松崎さんは、そばまでやってきて丁寧に礼を云う。私が外へ出てしまった時は、足早に廊下まで出てきて頭を下げ、「北沢さん、ありがとうございました」と云う。

私は松崎さんのこうした礼儀正しさが好きだ。

ある朝、夜勤明けの松崎さんに出会った。

「北沢さん、元気でいらしてくださいね。ワタシもそれがうれしいんです」「ありがとうございます」会話はそれだけだった。

私は入居者の人たちに「しっかり食べてね」「元気でいてよ。私もそれがうれしいんだから」とはよく云うことだ。しかしスタッフに云われたことはなかった。

私が元気でいなくては、と思う時は決まって、「できるだけスタッフにめんどうをかけたくない」という思いで、積極的に「元気でいたい」と思うことは一度もなかった。しかし、松崎さんのこの言葉を聞いてからは、「うれしいと思ってくれる人がいるんだから元気でいなくちゃ。少しでも元気でいよう」と思うようになった。

戦争の記憶

八月に入ると、新聞でもテレビでも戦争にまつわる記事・報道が多くなる。ヒロシマ、ナガサキの原爆投下、そして終戦。天皇陛下の玉音放送などの特別の月、八月を迎えるからだ。それから七十五年。このホームでは最年少に入る私が昭和十六年二月の生まれだ。私より年長の人たちばかりだから、戦争は私以上に心に傷を残しているだろうということは想像していた。

私は戦争の直接の恐怖も痛みも体験していない。その頃のことで鮮明に覚えている出来事がある。

それは東京大空襲の後のこと。三月の大空襲で笹塚にあった家は跡形なく焼失し、三田の母の実家に家族五人で身を寄せていた。ある夜、北の空一面が真っ赤に染まっていた。私はその空を見上げていたのだが、なんの恐怖もなかった。異様な光景にちがいなかったが、それを異様とも思っていなかった。しかし隣りに並んでいた兄は全身をガタガタ震わせて、声もなく、体を硬直させていた。その時、私が発したのは、「お母ちゃんがいるから大丈夫だね」だった。その時の幼な児だった声音、口調まではっきりと耳と心に残っている。この齢頃《としごろ》までは、親は絶対の存在で、どんな災難も親が守ってくれるという信頼があったのだろう。しかし、二歳年上の兄は親への絶対の信頼から自立した年齢を迎えていたのだろうと思う。

戦災で家を焼失した母は、「もう失なうものがないから安心だ」と云った。まったく非常識のことだが、その時の母には守らなければならないものから解放され、失なうもののない者の強さだったのだろう。

だから私は、戦争を思い出す時、恐怖も悲痛もなく、あるのはいつも虚《むな》しさだけだった。

戦争を語った人

ホームで戦争を語った人はたった一人、二ヶ月ほどのショートステイで入っていた吉川さんだけだ。彼の頬には爆弾の破片で負った傷が残っていた。吉川さんが京都大学在学中に学徒動員で召集されたことを知った時、私はどうしても赤紙のきたその時のほんとうの思い、そして玉音放送を聞いた時の率直な感想を直接聞きたかった。今思うと、「学徒動員」と聞いただけで、どこか舞い上がっていた自分と、吉川さんには酷だったかもしれないという心の痛みと後悔がある。

吉川さんはその時、「いいですよ。お話しますよ」と云ってくれたのだ。実際の戦争体験を聞いたのは、それが最初で最後だった。

再び戦争は遠い過去のことになり、思い出すこともなくなった。それは朝ドラ「エール」で戦争・軍歌が出てくるまでのことだった。

終の棲の友だち

藤堂さんは私の唯一人と云っていい親しい友だちだ。このホームでも一番会話の多い組だと思う。いろいろ教えられることも多いし、第一、話が次から次へと展開していくのが楽しい。その藤堂さんは私より干支で一回り上だ。藤堂さんは歌が大好きだ。私は特別歌が好きというわけではなかったが、この藤堂さんの影響でアクティビティの音楽クラブもテレビの歌番組も欠かせなくなった。

私たちは揃って朝ドラ「エール」を楽しんでいる。古関裕而《こせきゆうじ》をモデルにしたこのドラマでは歌がよく歌われる。藤堂さんは森山直太朗が好きだ。山崎育三郎も。私はこの二人が歌手だということは藤堂さんに教えられて初めて知った。

幼児期の私は、軍歌を子守唄や童謡のように聞いて育ったというか、軍歌以外聞いた覚えがない。電球の周りは光が外に漏れないように黒い布で巻かれていた時代だ。「警戒警報発令」「B29」がおなじみの生活だった。寝る時は枕元に「防空頭巾」が置かれていた。

昭和二十年、信州に疎開してからの五年間も歌とは無縁の生活だったから、私にとって歌と云えば軍歌で、その勇ましく、しかもどこか哀愁のこもった歌は懐かしい。そんな私が、「エール」のストーリーから一寸外れて軍歌に話が及んだ時、藤堂さんの表情がくもった。そして「軍歌は聞きたくない」と云ったのだ。

藤堂さんには年の離れた、とても優しいお兄さまがいた。藤堂さんが小学校六年の時、そのお兄さまが戦死した。

これを聞いて胸をつかれた私は、藤堂さんの前で「軍歌」も「戦争」も話題にすることはなくなった。

朝ドラ「エール」は、ほとんど毎日のように私たちの会話にのぼっていた。ところが九月のある日、突然「もう朝ドラはしばらく見ない」と云ったのだ。ドラマはそろそろ戦時中に入り、当然軍歌が歌われることが予想される頃だった。「悔《くや》しいの」。藤堂さんの口からこんな強い言葉を聞いたことはなかった。私は楽しんでいたドラマさえ中断するという藤堂さんが切なかった。

それで、藤堂さんがドラマを中断している間は、軍歌を除いてドラマのストーリーだけを話すと約束した。ドラマが終戦を迎え、再び藤堂さんがテレビのスイッチを入れた時、ストーリーに空白があっては楽しみも半減するだろうと思ったからだ。

こんなやりとりがあって私は再び「私の戦争」を考えた。四歳で終戦を迎えた私は、「戦争を知らない世代」に入るのかもしれない。それだけ藤堂さんとのギャップが厳然と存在していたのだ。

ヒロシマ原爆で私は唯の一人の親族も友人も失っていない。ヒロシマは遠く離れた地方だった。その悲惨さもどこか対岸の火事だった。その私が藤堂さんの「悔しい」は私の苦しみに変わっていったのだ。こんな経験は初めてであった。

それはおそらくホームが終の棲であることに由来するように思われるのだ。コロナが収束しても、やはりホームに閉じこめられていることには変わらない。動ける範囲は少し広がるだろうが、身体的にも認知力から考えても閉じこめられているにはちがいない。こうした環境で出会い、培《つちか》われてきた友情は唯一無二で、それだけに画像から得るヒロシマ原爆よりも藤堂さんの痛みの方が私にとっては切なく辛いものだということを知った出来事であった。

ホーム小話 12

スタッフのチョコちゃんが隣りのテーブルの小林靖江さんのトレイを運んできて、味噌汁のフタを開けようとしたが開かない。二、三回試みたがやはりダメだ。「お味噌汁、あきらめる？」チョコちゃんが冗談めかしに云う。それを聞いたスタッフのアンナさん、

「お味噌汁はあきらめられないわね」（靖江さんはお粥とお味噌汁はいつも完食している）

「じゃあ靖江さん、ヨイショ！　って掛け声かけて」

靖江さんはスタッフと一緒に、「ヨイショ」と声を出した。フタは開いた。

「靖江さんのヨイショがきいた！」

私は靖江さんの小さく、

「すみません。ありがとうございます」

と云う声以外ほとんど聞いたことがない。一声も出さない入居者も多い。その中でスタッフが声がけをし、声を出させる折々の工夫をしているのを見るとうれしくなる。

日頃のうれしかったことを伝える

私は日頃うれしかったことを、できるだけスタッフに伝えるようにしている。それも誰々さんがこんな時にこうしてくれた。誰々さんにこんなことをしてあげていた、と具体的に云う。具体的に伝えることは、「ありがとうございます」の溢れているホームでは、（この「ありがとうございます」は食前のお茶一杯を運んでもらった時も、食事のトレイを運んでもらった時もきちんとあらわす誠意だ。言葉に出せない人はわずかに頭を下げてそれを表わす。それは決して儀礼的なものではなく、他人にしてもらったことへのはっきりした感謝である）。一般的な表現では「親切な行動」一般に対する表現になってしまい、どんな親切、どんな心遣いをしてもらったのかが伝わらないからだ。

どんなやさしいことなのか

入居者と家族は強くつながっているので、面会もままならぬ事情の中では、その心配、不安は大きくなる。私は常にスタッフの一生懸命の姿を見るたび、こうしたことを家族が知ったら、心配が軽減され、安心と感謝が増すだろうと考えている。手厚い介護といっても家族にしてみれば、その現場を知りようもない。入居者にしても、折々には、「ホームの皆さん親切ですよ」「よくやってくれますよ」という云い方では伝えているだろう。しかし私は、いいい、どんな親切なのか、どんなにやってくれているのか具体的に伝えられたらと思っている。

退院して戻ってきた人たちは、例外なく体力も判断力も低下している。歩行器だった人が車椅子に、スタッフが連れ添ってはいても杖で一人で歩いていた人は車椅子に、車椅子だった人はリクライニングの車椅子になっていた。この人たちは全員普通食だった。それが今はみんな、きざみ食、ペースト状食になっている。ホームでは、その人たちに少しでも自力で食事ができるように配慮している。

ほとんど目をつむっている人たちには、食事中、何度も、何度も声かけをし、促している。車椅子もその人の体に合わせ、高い、低いがある。私は「車椅子」と一括《ひとくく》りにしていたので、その差に気付かなかった。

村瀬さんは低いタイプ。当然身長も低い方だ。しかしテーブルは一律の高さ（私はそんなことにも気付かなかった）、車椅子の人はきざみ食かペースト状食の食事がほとんどだ。お粥は大きなお椀《わん》で運ばれる。私たちがうどんを食べる時の深さのお椀だ。低い車椅子、身長の低い人の目ではお椀の中身は見えない。スタッフはそうした人たちのためには、お椀のフタにお粥をとり分けていた。そうすれば、お粥も見えるし、一人でスプーンをすくうのも容易だ。

一人の食事に一人のスタッフがつきっきりのことも多い。しかし、一人のスタッフが近くの二人、三人の入居者の食事を受け持つこともある。そうした場合、小さな車のついた丸椅子を利用している。その椅子はよく動く。床を軽く蹴るだけで、音もなくスムーズに移動できる代物《しろもの》だ。

ホーム長の膝をついての介助

コロナ感染が長引き、この六ヶ月余りに一人が亡くなり、四人の入退院があった。私が入居してきた時、向かい合わせに座って自分で食べていた二人は、まったく自分ではスプーンさえ握っていない。こうした状況でスタッフの仕事も増えたのだろう。時には短時間だが、ホーム長がダイニングに入ることもあった。

私からは遠いテーブルの美恵子さん。その日、ホーム長がこの美恵子さんの食事を介助《かいじょ》していた。美恵子さんは低い車椅子にうずくまるようにしている。ホーム長は床に膝をついた姿勢で、美恵子さんの口にスプーンで食事を運んでいた。丸椅子に座って介助すると高くなって、同じ目線にならないことは見てとれた。同じ高さから運ばれるスプーンの食事は、食べやすいだろう。食事の間中、ホーム長は膝をついたままだった。私はこの姿に介護の思いを見たと思った。

周りで働いていたスタッフたちは、このホーム長の姿勢に気付いただろうか。こんなことは、介護のマニュアルには書かれていないと思う。

私は美恵子さんの家族がこのことを知ったら、美恵子さんをこのホームに入居させたことを喜び、熱い感謝を持つだろうと思った。

本社がどんなに高い理念を掲げたとしても、それを具現化《ぐげんか》させるのは、ホーム長をはじめとするスタッフの一人一人だ。そしてそれは日々、四六時中行なわれているのだ。

あさちゃんの口腔体操デビュー

その日、私の食事を新人スタッフあさちゃんが運んできた。私は私と木の葉さんのハンカチを見せながら、「昨日のハンカチね、ハンカチが主役ではなくて、スタッフさんが手書きでその人に書いてくれたメッセージが主役だったのよ」

「私はまだ新人で、誰の担当もしていないけれど、早くそのメッセージが書けるようになりたいわ」

と云った。

「担当にならなくても、入居者さんを『よく見ている』スタッフになることが大事だと思うわ」

「ありがとうございます。うれしいことを聞かせていただきました。頑張ります」

このあさちゃんは、まだ入社一ヶ月半余り。新人だ。最初の緊張、緊張の期間が過ぎた頃だった。彼女が食事前の「口腔体操」を担当したことがある。

私はその日も横のテーブルの石上さんと「口腔体操」の動作を誇張して始めた。石上さんは一日中、ホーム内を車椅子で歩き回っている。認知症も進んでいるようだ。夕食後に出会った時は、私は必ずこう云う。

「新宿の繁華街はダメよ。自粛中ですからね。それとタバコもお酒も禁止ですからね」

と云うのは以前、石上さんから、社交ダンスをやっていて、その頃はお酒もタバコもやっていたということを聞いていたからだ。

石上さんは、声こそ出さないが、面白そうに笑う。そうして「バイバイ」をする人だ。こんな人だから、私のやりとりにうまく乗ってくれるのだ。

「口腔体操」で、私がほぼ横向きになり、動作を大袈裟にはじめると、石上さんもそれに合わせ動作を大きくする。特に、「舌を出して、引っ込める」のところでは、お互いに赤ンベエに似せて楽しむのだ。

それを見ていたあさちゃんは、「口腔体操」を終えて私の脇にきて、

「楽しく盛り上げて下さってありがとうございます」

と礼を云った。

こういうスタッフは、先輩スタッフだけでなく入居者からも学んでいいスタッフに成長するだろうな、と彼女の将来を楽しみにする私でもあった。

感謝の言葉の大切さ

スタッフと入居者間の感謝の言葉が、よりよい介護を育《はぐ》くんでいく。私は確信を持って、そう云い切っている。介護の仕事は人と人とのつながりだからだ。

自立組の私は、入居者の中では考えられないほど自由に動けている。しかしある人々は食事以外はほとんど部屋で過ごしている。ティールームに出てきても、人と話をして交流を楽しんでいる人はごく少ない。

私は親しくなった人たちには、ダイニングでは必ず手を肩に乗せ、その人と同じ目線になって挨拶をする。ダイニングは、一日三回出会える貴重な場所だ。

私とのつながりを喜んでいる藤井さんは、私の後ろのテーブルで、ダイニングを出て行くのもたいてい私より早い。その時、私たちのことを見たり聞いたりしているスタッフの中には、藤井さんの車椅子を私の脇に止めてくれる。私たちは手を握って、「またね」と云う。たったこれだけのことだが、特に部屋を一人で出ることもなく、ほとんどベッドで横になっている藤井さんには、唯一と云っていい人とのつながりなのだ。

驚いたことに、藤井さんはスタッフに私と「話ができてうれしい」と云ったそうだ。確かに月二回の音楽クラブの時には話すこともある。しかし、それも長い時間ではない。その程度で、私にとってみれば、「話をした」というほどの実感はない。しかし藤井さんにしてみると、そのわずか一分の会話、そしてダイニングでの挨拶程度のことも、「話した」という重みを持っているのだ。

ある時、藤井さんの車椅子を押して、私の脇は通らず、そのまま出て行ってしまったスタッフがいた。そういうことはままあった。その時、スタッフのチョコちゃんが私に、「ごめんなさい。今度はあの人にも云っておきますね」とわざわざ私に云いにきてくれたのだ。

スタッフのチョコちゃんは、藤井さんと私が手を握って、「またね」と云えなかったことを自分のことのように心を痛めてくれていたのだ。

相思相愛

ある時、スタッフの小田さんが、

「北沢さん、藤井さんがきました」

と云って私の席の横で車椅子を止めてくれた。

「藤井さんは北沢さんに会いたいんですよ」

と云ったので、

「私も藤井さんと会えるのが楽しみよ」

とこたえた。小田さんは、

「それじゃあ相思相愛だ」

と笑った。

「そう、相思相愛！　ところで、小田さんと私は？」

と切り返した。

「それはまた後で、ゆっくり時間をかけてお話しましょう」

「しんどいけれどしなければ」の効用

慶應病院受診の日である。その日、朝七時にタクシーを予約してもらった。朝食昼食は不要と届け出もしておいた。抗生剤の副作用で下痢をすることがあるが、食べていなければその心配はない。それで朝食は抜きで出発。

検査項目は六項目。これでもコロナの影響であの苦しい「肺活量検査」は省かれてのこと。ホームに帰ったのは二時半に近かった。まず帰りに、デパートで買った「握り寿司」を食べ、しばらくそのまま椅子に座って休息した。時計は三時をかなり過ぎていた。「どっこいしょ！」と立ち上がった。正直、疲れてしんどい。

しかし私のお手伝いは毎日のことだ。たまにしていることなら、スタッフも今日は来ないんだなですむ。私はいつも通り、ダイニングそして三階二階とすませて部屋に戻り、ここでベッドに横になった。しかし、この時ふしぎな感覚にみまわれたのだ。「しんどいけれどしなければ」は、体はしんどくても、心は妙に張りがあるのだ。ホームの生活は私にとってしんどいこともないし、しなければならないこともない。ないないづくしだ。その中でしなければならないお手伝いは、精神衛生上いいみたいだ。多分ボケ防止にもなるなと自己満足した。

主役はハンカチではなかった

九月二十一日は敬老の日。その朝、スタッフの佐原さんとエレベーターで乗り合わせた時、「今日は敬老の日なんですね」と云った。「そう云えばそうだわ。でも私には土、日もない毎日。だから、あまり祝日も意識しなくなっちゃったわ」とつれない返事をしていた。

その昼食のダイニング。テーブルの上には、各自の前にハンカチが置かれていた。見ると、小さなメッセージ・カードが挟まれていた。「ああ、敬老の日でホームからのプレゼントだ」と思いながら、メッセージを読んだ。それには、

「北沢様、いつもホーム内でのお手伝いありがとうございます。思いやり溢れる北沢様、嬉しいことがあった時には、すぐに教えて下さり、私たちも元気をいただいています。これからも北沢様らしく生活できるよう応援します！」

と書かれていた。

余白がなく、記名はなかったが、すぐにそれはスタッフのチョコちゃんが書いてくれたものだとわかった（もちろん彼女の書体は見たことがないが）。チョコちゃんが常に私を見ていてくれて、しかも後押ししてくれていることを私は知っているからだ。

向かいのテーブルでは、お互いにカードを交換し、読み合っている。これは、入居者たちの喜びをあらわしていた。これがホーム名を印刷し、紋切型のメッセージだったら、みんな一読だけで終わってしまうところだろう。

タオルハンカチはスモーキーピンクの縞柄（男性にはブルー系）、私はこの色合いも気に入ったし、これを選んでくれたスタッフにも感謝を覚えた。しかし、ハンカチは決してこの

敬老の日の主役ではなかった。みんなが喜んだのは、一人一人自分に宛《あ》てられたメッセージなのだ。隣の席の木の葉さんは何度も読んだ末、

「日浦さんってどなた？」

と聞いた。

「いつも木の葉さんを見ていて、このメッセージを書いて下さったスタッフさんよ」

と云いながら日浦さんをさがしたが、ダイニングには見当たらない。多分この時間帯の勤務ではないのだろう。

「日浦さんがきた時、木の葉さんに教えてあげるわね」

木の葉さんは私の隣りに座っているが、挨拶を交わすのと、私が椅子を引いて座りやすくしてあげた時に、「おそれいります」と云うだけで、木の葉さんから話しかけてきたことは一度もない。案の定、夕食のダイニングで日浦さんが見えたので、私は早速メッセージのことを伝えた。日浦さんはすぐに木の葉さんのところにやってきて、肩に手を添え、

「私がメッセージを書いた日浦です。これからもよろしくお願いしますね」

と云ってくれた。木の葉さんは、日浦さんの顔を見上げうれしそうに、

「よろしくお願いします」

とだけ云った。

入居者が喜んだのは自分にだけ宛てたメッセージだったこと、その文面から自分を見ていてくれるという感謝だったと思う。

翌朝私は、早速名前を書いたスモーキーピンクのハンカチを、それまで使っていた大判のハンカチに代えて持って行った。(洗濯に出すものには、自分の名前を書いておかなければいけない)。

隣りの木の葉さんも、敬老の日のハンカチをそれまでのものに代えて膝にかけていた。ところがである。食事を終えると、木の葉さんはそのハンカチをおしぼりを巻くような形に丸め、お盆に置いたのだ。

「木の葉さん、このハンカチは、昨日敬老の日にホームからいただいたものだから木の葉さんのものなの。返すことはないのよ」

と云うと、

「いただいた?」

「そう、ホームからいただいたプレゼント。日浦さんのメッセージが付いていたでしょ」

と云い、ポケットに入れてあげた。それでも腑に落ちない表情は変わらなかった。昨日のことはすっかり忘れているのだ。しかし事実は忘れても、うれしいと思ったことは少しずつでも積もり、心は安定し、感謝になっていくと思う。

「なんだかわからなくなっちゃった」

河辺さんが三週間余の入院から戻った。玄関口に数人のスタッフが出迎えた。口々に「お帰りなさい」、「お帰りなさい」、「待っていましたよ」と、あるスタッフは拍手をして迎えた。私はたまたま玄関口近くにいて、この場面に出くわし、河辺さんが退院してきたことを知ったのだ。そのたぶん三日後くらいから、河辺さんはダイニングに姿をあらわした。入院前はスタッフが連れ添っていたものの、杖をついて歩いていたが、再びダイニングに出てきたのは車椅子姿で、食事も介助を必要とするテーブルであった。

その日、ティールームで河辺さんを見かけたので近くに行った。「退院できてよかったわね」河辺さんは「ありがとうございます」と云い、そのまま黙っていたが、浮かぬ表情で、「何もわからなくなっちゃった」ともらした。

「そうね。随分長い間入院していたんですもの。でも、こうしてホームに戻ってこれたんだから、河辺さん、よかったわ。スタッフさんたちもみんな喜んでいるわ。河辺さんのこと心配してくれているから、もう安心してね」

しばらくして、

「私は悪いことはしていないわ」

河辺さんは突然こんなことを口走った。一瞬、私はびっくりしたが、

「河辺さん、誰も河辺さんが悪いことをしたなんて思っていないわよ。そんな人、一人もいない。まったく知らない場所の病院に入院して、誰ひとり知っている人のいない人たちの中で入院していたんだから不安だったのね」

「不安なの」

「当然よ、誰だって不安になるわ。でも、ホームに帰ってきたんだから安心よ。スタッフの人たちはみんな親切で、やさしいから」

河辺さんは、

「そうね、親切だわ」

スタッフを信頼しているのは、私にも伝わった。

「部屋に帰りたい」

「今スタッフさんをよんでくるから、ちょっと待っててね」

しかし、スタッフの姿は見当たらない。

「連れて行ってください」

入居者が入居者の車椅子を押したり、スタッフのいない所で同行するのは禁止されていることを私はうすうす知っていた。河辺さんはまだ車椅子を動かすことができない。手と足を使って動かすだけの力も戻っていないのかもしれない。しばらく待ったが、スタッフは戻らない。

「部屋に連れて行ってください」

私は河辺さんの足をフットプレートにのせ、ゆっくりと押して行った。

「部屋の番号は？」

「わからない」

「でも大丈夫。ちゃんと名札が出ているから」

部屋のドアを開けるとトイレの入口には厚いマットレスが立てかけてあった。ひとりで入るのを防ぐためだと思った。河辺さんは、入院するまではつかまりながらひとりでトイレをすませていたのだ、と考えると辛かった。

その時、開け放ったままのドアにスタッフが現われた。「ああ、すみません。かわります」

「悪いことはしていません」

私は河辺さんの云った、「悪いことはしていません」が気になった。これは私の想像だが、河辺さんは、何か悪いことをして拘置所にでも入れられた、という恐怖を持ったのかもしれない。誰も知らない、見たこともない病院での生活を拘置所と思ったとしても不思議ではない。私は胸が痛かった。「とじこめられた」というライターの吉田さんの言葉がよみがえった。ホームから病院に入院しても、そこは高齢者にとっては、「とじこめられた」場所なのだ。

河辺さんは、次の日も私に、「私は悪いことはしていない」と訴えた。拘置所の思いがぬぐえないのだろう。

「河辺さんはいい人ですもの、誰も河辺さんが悪いことをしたなんて思う人はいないわ。今は不安でしょうけど、少しずつ、少しずつ、いろいろわかってくるわ。スタッフさんたちもついているからね」

河辺さんは、「ありがとうございます」と云った。

私は高齢者が家族、そしてなじんだ場所、人々と離されることがとてつもない不安におとし入れることもあるのだと思い知らされた。不安を越えて恐怖にも似た感情ではないだろうか。私は河辺さんを思い切りハグしてあげたい思いを抱いた。

PT体操に参加

一週間余経って河辺さんは介護予防体操に出てきた。後半は車椅子にのったままだったが、前半では手を上げ、足も十センチほどだが上げていた。目からはおどおどした印象が消え、落着いてきた。今朝は「食事もおいしかった」と云った。

退院してくると、このホームでは、集中的に機能訓練指導員によるリハビリが始まる。私はこの指導員のPT体操に参加しているが、入居者の間では人気がある。それは彼女の指導員の介護にかかわる理念がしっかりしているからではないかと思う。

この機能訓練指導員はコロナ感染が広まるまでは、月に一回は宮城の聴覚障害者の祖父母を訪ね、ある時は一緒に温泉旅行に行くのだとうれしそうに語っていた。結婚している身で月一の帰省はご主人の理解はもとより、彼女の強い思いがなければ続けられるものではない。河辺さんのリハビリはもちろん彼女が指導する。私は彼女を信頼しているので、河辺さんにもきっとよい効果をあげていくと思い安心していた。

「家に帰れない」

ティールームにいた河辺さんに近づき、私は同じ目線になるようにしゃがんだ。

「ホームに帰ってきて、随分落着いてきたように見えるわ。でも何か気になること、思うようにいかないで考えていることがあったら話してね。心に思っていることは口に出さないとね」

「帰れない」

「帰れないって、家に?」

「そう」

「そうよね。家には家族もいるし、慣れ親しんだ所ですものね。私も同じよ。でも、私は思うの。家にいたら、介護する家族にも気がねで辛いわ。健康を考えた三度の食事がいただけて、きれいなシーツで寝れて、お風呂にも入れる。家ではこんな生活はなかなかできないから、私はホームにきてよかったって思ってる」

「それはわかるの。わかるけれど」

「そうよね。河辺さんもよくわかっている。でも長く家族と一緒に暮らした家ですもの、家に帰りたい気持ちは当然よ。でも、スタッフさんたちはみんな河辺さんを心配して、よくしてくださるわ。だから、その点は幸せだと思わなくちゃ」

河辺さんはうなずいた。しかし、家に帰りたい思いは宙に浮いたままだ。それは当然のことだ。

「この坂を上ったら家に帰れる」

老後はホームと自ら決めて、しかも一年もかけて身辺を整理してきた私ですら、ダイニングの南側の坂を見るたびに、この坂を上ったら家に帰れるという思いが湧き上ってくるのだ。直接、家に帰りたいという思いはまったくないくせに、なぜこの坂を上ったら家に帰れるなどと思うのか、自分でも解《げ》せないでいる。

そして再びライターの吉田潮さんの言葉がよみがえる。「ホームにとじこめられた」と云う父親、そして彼女の「罪悪感、この罪悪感と一生つきあわないといけないと思います」という言葉。

家族による介護を望まなくても、ホームに入った親と、送りこんだ子の心の葛藤だと思う。

「感謝、感謝」

退院してきた河辺さんの集中リハビリが一週間くらい続いて、多少体はしっかりしてきているのかなと思われた。ダイニングでは、車椅子から椅子に移動して食事をする。車椅子と違って体がシャンとしたように見える。食事も、「おいしい」と云うことも、「あまり食べたくない」と云うこともある。これは誰にでもあることだ。しかしそんなある日、「頑張らなくちゃ」と云った。これはうれしかった。河辺さんの口からこの言葉が出たのだ。

それでも私の心の内には、河辺さんの「家に帰れない」と云ったことが未解決のままくすぶっていた。しかし、河辺さんの「頑張らなくちゃ」を聞いた頃から、私の内で変化が起こっていた。

「家族の元、家に帰りたい」は私たちが一生背負っていくだろうが、その思いをなくすという問題ではないと思い始めていたのだ。ホームで自分の居場所を見つけ、それが安定していくことが大切だと思うようになっていた。

河辺さんが退院してきて二週間以上が経っていた。その日、ティールームで私は小林靖江さんの肩もみをしていた。コロナが始まるまでは靖江さんの息子さんがよく面会に来ていた。息子さんは部屋でお母さんと話した後、必ず車椅子を押してティールームにやってくる。そしてしばらくの間、お母さんの肩をやさしくさすってから、「お母さん、また来ますね」と云った。まるで親孝行を絵にしたみたいだとほっこりした。

コロナで面会が禁止になって、息子さんが訪ねてくることもなくなった。靖江さんは誰と話すということもなく、いつも背を丸めて車椅子にすわっている。ある時靖江さんの後ろに立ち、「親孝行の息子さんの真似事をしますね」と云って、背や肩を押してあげるようになった。指も入らないほどカンカンに凝《こ》っていた。靖江さんは車椅子で一日送っているが、穏やかでスタッフを困らせることもなかった。

私は靖江さんの姿に、自分がもっと老いて車椅子だけの生活になった時の理想の姿を思い重ねていた。

私が靖江さんの肩もみをするのは、他の入居者のいない時を見はからっている。その日、河辺さんが車椅子を押されてやってきて、入れかわりにスタッフは靖江さんを部屋に連れて行った。それで私は河辺さんに、「今日お食事は食べられた?」と聞くと「おいしかった」と答えた。

「それはよかった。だんだん元気になってきたのね」

と云い、河辺さんのやせて小さい肩に手をおいて静かにさすった。

「いい気持ち。ありがとうございます」

河辺さんが云ったので、私はそのまま背をさすった。

「車椅子とベッドだけの生活だと背中も凝るのよ」

「いい気持ち。ほんとうにありがとうございます」

「そんなに気持ちいいなら、これからできる時にはしてあげましょう」

「ありがとうございます。感謝、感謝」

河辺さんの口から「感謝、感謝」が出たのだ。私が入居してまだ月日が浅い頃だった。エレベーターの中でスタッフが「河辺さん、今日のお食事はどうでした?」と云ったのに対し河辺さんは「おいしかった。感謝、感謝!」と答えていた。私にとって、この「感謝、感謝」は河辺さんその人だったのだ。

私は、河辺さんが元気になってきていると感じ、日を追って安定していくだろうと思った。

ホーム小話 13

ティールームで私が河辺さんの背を抱くようにしてさすっていた。廊下を車椅子を押してきたスタッフの佐原さんが、「あっ、ありがとうございます」と云ってそのまま歩き去った。

ホーム小話 14

河辺さんが退院した直後、不安でパニックに陥っていた。その時私が、常に肩に手をのせ語りかけ、そして心の内を聞いていたことを彼に話したことがあった。立ち話でちょっと話したことを彼がまともに聞き、私と同心になっていることは私のなによりの喜びだ。

村田さんは一番奥、しかも端《はし》のテーブルに座っている。全体を見渡せる私の席からも、村田さんの背しか見えない。村田さんが人と話しているのは一度も見かけたことがなかった。

それがこのホームで一番新入りのスタッフあさちゃんが、村田さんに話しかけている。村田さんのうれしそうな声だけが聞こえた。あさちゃんが戻ってきた時、私は村田さんと何を話していたのかたずねた。

「村田さんはいつもお食事をきれいに召し上がって下さるのでうれしいの。今日はメニューにのっている牛肉のすきやき煮がおいしいそうですよ。楽しみにしてくださいと」

「あさちゃんが普段から村田さんをよく見ていたからこそ、そんなお話ができたのね。村田さんは、自分のことをよく見ていてくれたのがきっとうれしかったのよ」

「私は北沢さんのこともよく見ていますよ。熱いまなざしで」

「ヤケドは手だけでけっこうよ」

1パーセントは本気で考えているテーマ

男性スタッフは既婚者が多い。しかし女性スタッフ、特に若い女性スタッフはほとんど独身のようだ。私の時代でも、オールドミス、出戻りなどという言葉は既に翳《かげ》りをみせていた。さらにシングル、バツイチ、シングルマザー等、世につれ時につれ世情は変わってきた。結婚は縁があればするだろうが、結婚しなくてはいけないという風潮はうすらいできているようだ。私もこうした生き方に賛同している。

私は四年制の大学を出たが、その大学時代、恋愛、結婚で見事な差異を感じることがあった。私の親友と私は中学、高校、大学と通して男女共学の中で育ってきた。大学に入ってすぐに恋愛に陥る女性は例外なく女学校出身者だった。私たち男女共学組は、こうした女学校出身者を「異性に免疫のない人」と陰口をたたいた。我々は親しいボーイフレンドがいても、すぐに結婚というふうには考えなかったし、常に複数の異性と交流を持つのは当然という風潮があった。卒業後のことはあまり知らないが、男女共学組は離婚することが多かったが、誰も離婚を恥と思う人はいなかったようだ。

しかし、このホームで若い女性に独身が多いのは介護職に主な原因があるように思うのだ。結婚は出産、育児と切り離せない。女性も仕事が生きがいの一部であり、経済的な理由で共働きをしていても、それはゆとりある生活を楽しむためのものであったり、自分の将来の投資と考えている女性もいる。それでも、女性の結婚は出産、育児を伴うために二の足を踏んでしまうという現実は無視できない。ましてや介護の仕事は通常、早番、日勤、夜勤とシフトがある。介護を受ける入居者たちは二十四時間、昼夜かかわりなく介護を必要としているのだ。もちろん会社側もさまざまな対策は講じているだろうが、その恩恵をフルに活用したとしても、そしてイクメンがもてはやされる現代、男性が育児に参加してきても、主たる担い手はやはり女性だ。

私自身、息子が〇歳児の時は保育ママに、一歳になると保育園、小学校では息子は学童保育をイヤがり、首から鍵をぶらさげて私が帰るまで一人で自由に（？）過ごしていた。

女性が結婚を躊躇する環境では高齢化、少子化（これは先進国共通のようだ）は避けられない。日本はその筆頭にいる。

これは介護付老人ホームにとっては切実な問題であり、私にとっても1パーセント程度は真剣にならざるを得ないテーマなのだ。

とてもボケてる暇はない

調子に乗った私はダイニングで準備作業をしていた女性スタッフ田上さんに（笑いをこらえながら）大袈裟に語った。

田上さんの反応、「でも北沢さん、結婚、育児というけれど結婚できる環境がまずないのよ。男性はおじさんと既婚者がほとんど」

田上さんの云う通りだ。若い男性スタッフの指には結婚リングが（さりげなく？）はめられている。私は結婚問題の前に、婚活活動もはじめなければならないハメになった。

そう云えば結婚相手を紹介する企業もある。現に私の姪はこれに登録し、その入会料は確か三十万円と聞いた覚えがある。しかしそこでは自分の考えていた男性にはめぐり会えず、結婚は縁があったら考えようと構え、今では仕事を主とした生き方に変えたようだ。彼女は三十を少し出た位の年齢だが、まったく焦ってはいない。

民間企業だけでなく、自治体も男女の出会える環境づくりに力を入れているようだ。

これは大変だ。さらに仕事がふえた。国会にも自治体にもこの問題で奔走するようになるとは思ってもみなかった。高齢化、少子化問題は老人ホームに直接係わってくることだから、とてもボケてる暇はない。

こんな大きな問題提起を若い女性スタッフたちに話していて気付いたことがある。この話をしている間中、私はほとんど笑いっぱなしだが、それに応待するスタッフたちも当然笑いっぱなしだ。

ホームではスタッフは声かけ専門だ。入居者から声がかかるのは「トイレ」「部屋に連れてって」「ごはん」「何がなんだかわからない」。自立組の入居者からは「用件」か「質問」「クレーム」で、こんなテーマを持ちかけられることは絶対ない。当然そこには笑いなどあるはずもない。肩が凝るのはあたりまえだ。ましてやコロナ自粛で食事も一人で黙々と食べるしかない時に、こんな身近な、しかしとてつもない大きなテーマを声かけされ、大笑いする時間があってもいいと私は考えるのだが、どうだろうか?

ダイニング出口の逮捕劇

食後、特に朝食後の薬を服用する人は多い。

ダイニングの出口では、薬を忘れて出て行ってしまう人もいる。薬の服用はすべてスタッフが、当人のところに水を入れたコップと一緒に薬を持って行き、名前を確認し、服用後は「すみません、口をアーンして見せてください」と口の中に残っていないところまで確認している。食事を終えた頃を見計らってしているようだが、スタッフも仕事が重なって、そのあたりのタイミングのずれで見逃してしまうこともある。しかしここは経験豊富なスタッフたち、たいていは出て行ってしまわれる前に呼びとめる。スタッフにしてみれば、二階あるいは三階とその人の部屋まで薬と水を持って走るのは手間がいるわけだ。私はこれを、「ダイニング出口の逮捕劇」と呼んでいる。

同じテーブルの布施さんは耳が遠い。それで、食事中に私が話しかけることはほとんどない。

朝食後の薬はすっかり忘れて、布施さんは食事が終わると、新聞、薄い座布団、メガネケース（これにはメガネではなく、水を入れたガラスの小ビンが入っている）、これらを持って帰ろうとするのは常のことだ。

布施さんは、骨が突出したように背は丸く曲がっているが、一人で歩くことができるので、スタッフの付き添いはいらない。しかもその歩きはけっこう速いのだ。

私は以前は、立ち上がりしなの布施さんを、「ク・ス・リ！」と大きな声で呼びとめることが多かったが、今では私の方が根負けして、スタッフに任せてしまっていた。

今朝も布施さんは立ち上がった。この時間、スタッフは車椅子の人たちを部屋に送りとどけるのに忙しい。私はこの日も、布施さんのあとを目で追ったが、うまくスタッフの目をくぐり抜けたようだった。

それを見とどけた私は、藤堂さんに云った。

「最近は警察官の人数が不足して、犯人逮捕が随分難航しているみたいよ」

「あら、そうなの。コロナ感染で医師や看護師さんが不足しているとは聞いていたけど、まさか警察官までが不足しているとは知らなかったわ」

藤堂さんはほんとうに真面目な人で、私の話も真に受けてしまうことがあったが、この日の真顔には私の方がびっくりした。

「やだわ、藤堂さん、このダイニング出口の逮捕劇のことよ」

「あらっ、そうだったの。私はてっきりほんものの警察官のことかと思ったわ」

私も冗談がきつかったかな、とちょっぴり反省した。

「個人情報」の壁

私が現役で働いていた時に、「個人情報」は常識的に考えてそれなりに守ってきたと思うが、取りたてて問題にした覚えもない。しかし今は、何かと「個人情報」が取り上げられることは珍しくない。私はホームに入って、ホーム内では「個人情報」が目に見えない壁となって立ちはだかっていることを思い知らされた。

親しくなった人がしばらく見えない時、「入院したの?」と聞く。救急車で運ばれて行ったのをたまたま目にした時、「様子はどうなの?」と聞く。これらは「個人情報」ですからという理由で、回答を聞けたことは一度もなかった。その時のスタッフの一寸困った表情を察して、私は原則としてこの種のことを聞くことをやめた。確かに興味や噂話として広がってしまうのは、ホームでは絶対避けなければならない。しかし私には、自分が閉め出されているという思いを拭い切れないでいる。

長い間姿を見ない、しかもドアが開くのも見ないという日が続いた頃から、私は目撃したわけではないが(袴田さんは入院したな)とかなりの確信を持って思った。

十月に入ってすぐの頃だったと思う。袴田さんの部屋のドアが大きく開いていた。（あれっ？　帰ってきたのか）と思ったが、中ではスタッフがなにやら作業をしているようだった。（そうか、帰る前には部屋を片付けることもあるだろう）、と思いながら、「袴田さん、帰ってくるの？」とたずねた。スタッフは一瞬黙ったが、「ええ、戻っていらっしゃいます」と答え、私は（そうか、よかった）と胸をなでおろしてその場を通り過ぎた。

その頃私は、スタッフの道場さんのことが気になっていた。もともと彼女は三階を担当していたようで、私の居住階で出会うことはほとんどなかった。たまに行き交うのはお風呂の世話をするために車椅子を押し、籠いっぱいの洗濯物を持っている姿ぐらいだ。

私もただ一度、お風呂の世話になったことがあった。その時におじいちゃんの介護をした話は聞いたが、詳しいことは記憶にない。

しかし彼女は、ホームでの私の言動を見ていたのだろう、「北沢さんが入ってこられてから、ホームが明るくなったわ」と云ったのだ。私にはその言葉がとても印象的だったし、うれしかった。そのことがあってから、ホーム内でうれしかったことがあると、彼女に話すこともあった。それを我がことのように喜んでくれた人だった。

その道場さんが十月に入ってから姿を見せない。何か用事があって、休日に有給休暇を足して休んでいるのかなと思ったが、心はやはり淋しかった。一週間を過ぎると、これは何かあったかもしれないと心は穏やかでなくなった。

「袴田さんは戻ってこられますよ」と聞いて下におりた日、私は廊下でスタッフの翔君をつかまえ、「これも個人情報で教えていただけないのかもしれないけど、道場さんをもう随分見てないのよ」と云うと、その翔君の目が（マスクを着けているので表情は読めない）少しだけ困惑したように思えた。「ええ、ちょっと家庭の事情もあるらしく」。

聞けたのはそれだけだった。「ありがとう。辞めたんじゃないかってちょっと考えていたもので」。

翔君は、それには答えなかった。ここでも、個人情報という透明だけど硬いガラス戸が、音をたてて閉じられるのを感じた。

それから数日が経っていた。袴田さんの部屋のドアが開け放たれていた。中にはスタッフがいたが、内部は生活臭のある物はすべて取り除かれ、主のいないことは一目瞭然だった。

病院から戻ることなく、袴田さんは逝《い》ってしまった。

道場さんにはもう会うことはない。

袴田さんはホームに戻ることなく逝ってしまった。

この二つの事実を私は疑っているわけではない。疑いようもない事実だ。しかしそれは、スタッフが知っている事実であって、「個人情報」の透明だけど厚いガラスの向こうの事実であって、私自身はこちら側にいるのだ。それは妙な感覚であった。

私は道場さんをずっと追っているのだ。彼女の家を知っているわけではないが、ホームから見る街並みのさらに向こうを見、彼女の行方を追っている。

そして私の袴田さんは、いまだに成仏しないで私の周囲にまとわりついている。

私にとって、「個人情報」とはこういうことなのだ。

そして今も、しみじみさみしい。

ホーム小話 15

三階のティールームには大きなテーブルがある。百人一首をするのもそのテーブルだ。

谷野さんが、三人の入居者とテーブルを囲んでおしゃべりをしていた。こうしたおしゃべりは入居者にはとても貴重だ。食器洗いをしていた私に、「こちらにきてお話しましょうよ」と誘ってきた。私は食器洗いを早々に、椅子に座った。話の中心は仙田さんのようだ。

仙田さんの「何がなんだかわからなくなっちゃった」を聞いた時、私は憂うつになった。それはいまだに私の心に居座っていた。

この日も仙田さんは同じことを云った。すかさず谷野さんは云った。

「わからなくなっちゃっても、私たちが仙田さんのことをよおくわかっているから大丈夫よ。安心して」

と、しっかり受けとめたのだ。

ここは入居者に云わせた方がよいと思うところでは、谷野さんは私に振ってくる。私はそれを受けて、仙田さんが「百人一首で上の句を聞いてすぐ下の句をとった」ことを話し、「下の句が詠まれてからキョロキョロさがす私なんかとは違うのよ！」。こうしたことは同じ入居者仲間の言葉の方がひびくに違いない。こんなやりとりがくり返された。

私はベテランの谷野さんを、さすが！　と思ったので、谷野さんに伝えた。すると谷野さんは、

「私からも北沢さんに伝えたいことがあるの。北沢さんは、おはようございます、ごちそう

さまでした、ありがとうございますなどの挨拶、お礼を云う時は必ず立ち止まって云われるでしょ。あれ基本だわね」

意識していたことではなかったので、ああそうだな、私は必ず立ち止まっている。

この時、松崎さんが私にお礼を云う時の姿勢、そして今朝、チョコちゃんが小和田さんに、頭を下げて「いつも丁寧にたたんで下さって、ありがとうございます。使わせていただきます」と云った言葉を思い合わせていた。

ミニトマト事件

袴田さんの主のいない部屋は固く閉ざされていた。私には忘れてしまいたい袴田さんとの葛藤があった。それは入院直前のことだった。私がティールームの厨房で洗い物をしていると、袴田さんが手招きをした。ふだんから聞きとれないことも多く、会話は難儀だったがこの日は別格だった。何一つ聞きとれない。「えっ！　ごめん、ごめんなさい。聞きとれないので、ゆっくり、できるだけ大きな声で云って」こんなくり返しが二、三回続いた。仕方なく私は、スタッフに助けを求めた。しかし、スタッフも首を横に振った。心苦しい思いのまま私は部屋に戻った。これが最後だった。袴田さんは何を私に云いたかったのだろう。私を手招いたのだから何か私に云いたかったことは確かだ。それが私の心を一層重く沈ませた。

その夜、私はあのミニトマト事件を思い出していた。

夏の暑い季節にはミニトマトは驚くほど早く色づく。青く固い小粒のミニトマトは見る見る成長し、赤味を増していく。私はこの成長を日に何度も確認し、楽しんでいた。入居者たちにまた配ってあげたい。みんなは喜ぶだろう。穫れ頃を考え、あと一日、もう一日と心待ちしていた。

そう思っている矢先、熟れた赤い実はすべてなくなっていた。

(袴田さんだ！　悔しい思いが湧き上がった)

その日、袴田さんは私を呼んだ。表情が硬い。

「あのトマトは観賞用のトマトなの？　スタッフがそう云った」

「別に観賞用ではないけれど、みんなが見て、成長を楽しみにしているトマトだから、みんなで分け合わなくてはいけないのよ」

私は語気が強くなるのを一生懸命抑えながら云った。しかし袴田さんは不服そうだった。（多分スタッフは、あのトマトは観賞用だから取らないで、とやんわり説明したのだろうと私は察した）

なくなってしまったのは仕方ない。まだ青いものが次から次と出てくることを知っていたので、私は次の収穫を期待した。しかし、その期待の中には、また取られてしまうかもという疑念はまじっていた。

毎朝、ミニトマトの成長を楽しみにサッシを開けた。少し赤味をつけてきたトマトの数を数えた。この季節、トマトの色づくのは思ったより早かった。私は色づきを注意深く見、数を数え、その日に合わせ紙を折って小さなマスをつくった。一応十五もあればいいだろう。その小さなマスは私の机の上にかわいらしく整列した。

午前中のお手伝いを終えて、喜び勇んで外を見た。ない！　私は愕然とした。青いトマトにまじって赤味の薄いトマトが二、三個残っているだけだ。腹立たしい思いが湧き上がった。私は、机の上に並べた小さなマスを両手でかき集め、思い切りつぶし、そのままゴミ箱にほうり投げた。息が上がっていた。それをおさえるために椅子に座ったが、すぐに立ってカーテンを閉めた。

昼食の時、袴田さんはいつものように弱々しく手を上げていた。私はどうしても手を上げられなかった、そのことも腹立たしかった。私は葛藤していた。認知症の人になんて手ひどい復讐をするのかと苦しくもあった。私はテーブルに伏せて顔を上げなかった。スタッフが、「気分が悪いのですか」とたずねたので、少し顔を上げ、「いいえ、なんともありません」とこたえた。声を出すと一寸気が紛《まぎ》れたようだった。

次の日も、私はまだ悶々としていた。認知症の人じゃないか。どうして病人とまともに向かい合うのか、煩悶《はんもん》しながらも、顔は袴田さんと反対の方に向けていた。袴田さんはいつもと違う私を見ているだろう。確かにかわいそうという思いがないではなかった。私も苦しいのだ。

三日目、私は大きく息をして、いつもよりゆっくりとダイニングに入って行った。袴田さんの姿が見えた。私は以前のように手を上げ会釈をしながら、顔も和らげていた。袴田さんは手をかすかに上げ、顔は私と同じように和らいでいた。私はほっとした。自分にほっとしたというのが正直なところだった。

最後に袴田さんが私に伝えたかったことは、永遠に聞けないままだが、あのミニトマトの葛藤はとけて、和解できたことは救いだった。

「わからなくなった」

エレベーターの中、車椅子の仙田さんが突然云った。「わからなくなった」「何がわからなくなったの？」付き添いのスタッフが聞いた。「何もかも。なんだかわからなくなった」小さい声だが、それは私にもはっきり聞きとれた。

私とは居住階が違うこともあり、ダイニングでは一番遠い席なので、ふだん話したことはない。ただ、百人一首のかるた会で一緒になったことがある。上の句が詠まれて、下の句にいかないうちに仙田さんは札をとることがある。数枚の札だが、上の句で札をとるということは珍しいので、私は仙田さんの存在を知ったのだ。

この仙田さんが云ったことだけに、私の心には、「わからなくなった」は心につきささっていた。仙田さんの「何が」わからなくなったのかは知る由もなかったが、自身はそれを認識していることになる。認知機能が低下した場合、その低下を自覚できていないと思っていたので私の心は重かった。

身体機能の低下は私自身重々認識している。

「息をすること」「歩くこと」はできて当然だったので、通常意識することさえなかった。しかし息が重く、息苦しさを感じるようになった時、不安を持った。それ以上に「歩くこと」だ。急ぐ時は早足で、さらに必要ならば、走ることもでき、これも当り前のことなので意識することはなかった。しかし足が重く、それは太股に重しを負荷《ふか》している感じだ。しかも柔軟性を失ってからは、一歩一歩意識せざるを得ない。夜中にトイレに起きた時は用心して摑まり、摑まり歩く。日中廊下を歩く時も手すりに沿って歩く。外出時はその道路の一つ一つの段差も覚えてしまうほどの歩き様である。

入居者の男性で唯一人親しく会話している鳥越さんからこんな話を聞いたことがある。九十歳の鳥越さんの若い時の話だから、平均寿命も今よりは短かった時代だろうが、大学病院のある医師が云った。

「五十歳からは借り物ですよ。メガネ、入れ歯、補聴器、杖、借り物で補って生きているんです。医者のボクも死にますよ」

身体の衰えはこの例で理解できる。

しかし知能の低下は、「顔はわかっても名前が出てこない」「読めるけれど書くことができない」「つい最近まで書いていた字が、紙に書いてみると、似てはいるが正確に書けていない」ことはままある。しかしこれらはまあ年相応だと思っていたので、さして不安を感じなかった。

しかし、「なんだかわからなくなった」という経験はなかったので、将来は自分もそうなるだろうと思うだけで、つきつめて考えたことはなかった。

しかし仙田さんの「わからなくなった」は、私にある恐怖心を芽生えさせた。身体機能の低下を引き合いに出して考えてみたが、まったくわからなかった。

「何がなんだかわからなくなった」。仙田さんのこの言葉を聞いてから二ヶ月も経った時のことだ。それはやはり、エレベーターの中でのこと、私が乗ると、そこは三階からきた仲よし二人組と車椅子の仙田さんがのっていた。

「こんなことなら死んだ方がいい」。仙田さんがこう云ったのを受けてスタッフが、「大丈夫よ、私たちがついているから」と云った。「なるようにしかならないからね」と仙田さん。

すると仲よし二人組の一人、平野さんが云った。

「私たちもなるようにしかならない。そう思って生きているのよ」

私はこの平野さんの言葉を重く受けとめた。と云うより受けとめざるを得なかったと云うべきか。終の棲にはこの現実がある。それをはぐらかすことはできないと私は思った。その現実を認識できなくなるまでは、心の内にくすぶりつづけ、それが時々頭をもたげてくるのだと思った。

老いを自覚するという感覚

ある時、藤堂さんが、「朝起きて、今までしてきたことが一つ一つできると、ああ今日も一日大丈夫だなと思うのよ」と云った。

毎朝二六六文字の般若心経を写経し、会話も次から次へと進めていける藤堂さんでも、そうなのかと聞いたことを覚えている。

私は介護予防体操の時に（椅子に座って行なう体操である）私より十歳は年上の入居者たちが体を動かしているのを見ると、あと十年経った時、私はとてもあのように体を動かせる自信はないと常々思っている。

「老い」は突然やってくるものではない。しかし、こんなことができなくなっているという感じで老いを自覚し、さらに気がついてみると、こんなに老いているという感覚で自覚する。

それでも、「わからなくなった」「なんだかわからなくなった」というのは想像してもまったくわからない。それが不安として残り、時々頭をもたげる。

私は百人一首のある日の朝食時に仙田さんの元に行き、「今日は百人一首があるのでよろしくお願いします」と云った。「百人一首？　なんのことだかわからないけど」が返答だった。私は気が重かった。

その午後、スタッフの声がけで仙田さんは百人一首の札をひろげたテーブルについた。しかしその表情は以前にくらべ固いように思えたのは私の気のせいだろうか。とり札は少し減ったかもしれない。「もう一回やりますか？」という問いには首を横に振った。疲れたのだろう。

認知症の第一人者が認知症になった

この章はここでストップしようと思っていた。結論の出せないことをいくら書き綴っても致し方ない、そう思ったからだ。

ところがその直後、ＮＨＫスペシャルで「認知症の第一人者が認知症になった」（令和二年一月放送）を偶然見たのだ。認知症については常々関心を持っていたので、すぐにメモを用意した。あとで読み直してみたが、これはそのまま書き写した方がいいと思い、メモをそのまま記したものである。メモが間に合わなかった部分もあるだろうが、それはそのまま自分の感想は一切書いていない。だから文章として不完全なところもあると思うが致し方ない。

「生きている上での確かさがなくなってきている。一生懸命、一生懸命やってきた結果こうなった。ボクの生きがいはなんだろう。ボクの体の中、心の中にいつも妻がいる。自分自身がはっきりしない。おはよう、大丈夫？　と云ってくれることによって、ああ大丈夫と思うようになった。出かけようとして鍵をかけるが、まちがいなく鍵をかけたか心配になりそれをくり返す。（この時娘さんは、父が鍵をかけることはないのでそんなことはないんです、と云った）（　）内は著者。

上からの目線は威圧的だったり、尊厳がくずれていってしまう。周りがボクをうっとうしくなっているだろうから。いわない方がいいと思い寡黙になった。

Where am I?　Where are you?　Where is Mizuko?　（奥さまのお名前）

利用者が一緒に楽しめる場、デイホームを提唱してきた。何がしたい？　何がしたくないですか？　そこから出発してほしい。自分が死ぬ時どういう気持ちになるか、ボクが死んだら喜ぶかな。周りはほっとするよね。それくらい自分が負担をかけていると自覚しているつもり。朝だか夜だかわからなくなっちゃう。きのう死のうと思った。それを妻に云ったら、そんなことやめなさいと云われた。(今でも講演を引き受け出かけて行くが、付き添う娘さんから軍歌は歌わないで、それとキリスト教のことは云わない方がいいわよと云われていた。その講演の時、最後に歌うはずだったふるさとの歌——ウサギ追いしかの山——を歌い始めた。あれでほぐれた。娘さんが私の年わかる？　三十五、やったあ。——そんなに若く思っていてくれるのなら——コーヒーおごってくれる？)

愛と現実の間がわかんない。

(この頃、家族の負担を考えて体験ショートステイをしたようだ)

我慢、早く帰りたい。ここにいるよりごちゃごちゃしている戦場に帰りたい。

(書斎に行くと) ここへくると落ち着くんだ。

「君が認知症になってはじめて君の治療は完成する」(これは病院の医師から云われた言葉のようだが、私のメモの不備でその真偽はわからない)

(症状が進んでも人に伝えることはやめなかった——これは娘さんの言葉？)

一日一日笑っていくことが大切だと思う。一日の終わりに云う言葉があった。それは、

「ありがとう」。

（それでも娘さんに、お前は誰？　とたずねたこともあったようだ）

余分なものははぎとられちゃう。心配はあるけど、心配の気づかいがなくなる。

認知症になって景色は変わりましたか？　の問いには、

「夕日が沈む時、富士山のきれいな景色も変わらない」

と答えが返ってきた。」

生物学的高齢期の生き方

『ゾウの時間ネズミの時間　サイズの生物学』

本川達雄著より

息を吸って吐いて、吸って吐いてという繰り返しの間隔の時間を心臓鼓動の間隔時間で割ってやると、息を一回スーと吸ってハーッと吐く間に心臓は四回ドキンドキンと打つことがわかる。これは哺乳類ならサイズによらずみんなそうだ。

寿命を心臓の鼓動時間で割ってみよう。そうすると、哺乳類ではどの動物でも、一生の間に心臓は二〇億回打つという計算になる。

寿命を呼吸する時間で割れば、一生の間に約五億回、息をスーハーと繰り返すと計算できる。これも哺乳類なら、体のサイズによらず、ほぼ同じ値となる。

物理的時間で測れば、ゾウはネズミより、ずっと長生きである。ネズミは数年しか生きないが、ゾウは一〇〇年近い寿命をもつ。しかし、もし心臓の拍動を時計として考えるならば、ゾウもネズミもまったく同じ長さだけ生きて死ぬことになるだろう。小さい動物では、体内で起こるよろずの現象のテンポが速いのだから、物理的な寿命が短いと云ったって、一生を生き切った感覚は、存外ゾウもネズミも変わらないのではないか。

時間とは、もっとも基本的な概念である。自分の時間は何でもあてはまると、なにげなく信じ込んで暮らしてきた。そういう常識をくつがえしてくれるのが、サイズの生物学である。

（中央公論新社刊）

（後略）

あれ！　どうしたんだ。これ、ホーム内の話とどう関係があるんだ!?　と思われたのではないだろうか。

鳥越さんがダイニングのテーブルにかなり部厚い本を置いていた。頁のところどころに栞《しおり》がはさんであるようだ。

「これお読みになっているんですか？　私なんか軽いものしか読みません。内容の重いもの、それに部厚い本は最初から読む気がしないんです」

ということを話した。

鳥越さんはしっかりした方で、このホームでは会話を進めていける唯一の男性入居者だ。しかしこんな部厚い本を読んでいるとは驚きだった。

その一週間後、「これは肩が凝らずに読める本だから」と云ってくださったのが、この『ゾウの時間　ネズミの時間』だった。鳥越さんが推奨した通りの本だった。内容を紹介するのは難しいと考え、思い切って最初の部分をそのまま書き写させていただいたのがこれだ。

この本をいただいて数日後、さらに「著者のプロフィールを知るとさらに納得ができますよ」と云って産経新聞に紹介された本川達雄氏の「生物学的高齢期の生き方」を教えてくれた。

その記事を要約すると次のようなものだった。

哺乳類や鳥類は心臓が二〇億回程度鼓動したら寿命を迎えるとされ、体の大きさと寿命との関係などを加味すると、一分間に二〇回くらい鼓動するゾウは七〇年前後、六〇〇〜七〇〇回鼓動するネズミは一〜二年の寿命となる。そこから換算すれば、「人間の寿命は五〇年くらい」、その証拠に五〇歳を過ぎると視力や体力が落ちたり、病気になりやすくなったりする。だが医療の進歩や食糧供給の安定化、冷暖房の普及など科学技術の発達により、感染症や環境の苛酷な変化で早く亡くなることが減り、寿命が劇的に延びた。

五〇歳以後の人生というのは医療や技術によってつくられた特別な時間であり、感謝しないといけない。

実際、人類の数百万年の歴史の中で平均寿命が五〇歳を超えたのはここ数十年のことだ。ただそれは、「莫大なエネルギーと引き換えに可能となった。本来次世代が使うはずのエネルギーや食糧を消費してしまっている」ことを意識しないといけない。

生物学的に導き出されるのは、「次世代のために生きることが長生きの許可証が与えられる条件」だと云う。

これを人間に当てはめると、「体力的に可能なら、例えば孫の面倒をみたり、農業などで食糧を生産したり、老々介護を行ったりすることは次世代の負担を軽減できるので勧められる。

体に関しては五〇歳以降は、保証期間を過ぎているのだから、健康な状態が標準という考えはできるだけ持たず、何か病気があるとか体が痛いとかいうことがあっても、あまり不幸だと思わない」で過ごしてほしい。

そして、「心の準備がなければ急に対応できないので」とした上で、「五〇代になったら自分の老後についてどう過ごすかをぜひ考え始めてほしい」とあった。

・次世代の負担を軽くするような人生（孫の面倒をみるのもよし）
・健康な状態を標準だと思わない方がいい（体の保証期間は過ぎている）
・五〇代になったら老後の生き方を考え始めよう（心の準備が必要）

私がここに書いたのは、この本の紹介のためではない。これを読み、面白いと共感し、私に薦めてくださった鳥越さんのことを云いたかったのだ。鳥越さんはこのホームの楽しいボーイフレンドである。

鳥越さんの明るい人柄、周囲に配慮するやさしさ、これらは生物学的生き方に大いに関係あると知って、このホームのあり方にも通じるように思った。

人生走馬灯

ずっとおじいさん、おばあさんだったわけではない。ずっとおばあさんだったわけじゃない。そんな言葉をくり返しつぶやいてみる。しかし今、私が生活を共にしている人たちからは、その容姿からは、若い頃はこうだったんだろうな、とイメージすることができない。若い時を鮮明にイメージできる年代をもう大分過ぎてしまっている。

垂れるほどの肉のない、痩せぎみの私でも、筋肉の弾性は引力に負けて垂れるのだから(老いを迎えた頃から私はこのことを不思議に思ってきた)、ただ自分の顔だけは唯一自分の目で見ることができない。鏡の中に映った自分は光の屈折のなす映像であり、私ではない。こう言い訳できるのは救いだ。

動きは緩慢になり、ぎこちなくなる。一日の大半を車椅子の中でうずくまっている人もいる。体を支えきれず傾いたままの人もいる。私の歩きも柔軟性がない。一歩一歩注意しなければならない歩きだ(私はこれを「歩く」とは思っていない)。

私は幼い頃、おばあちゃんのそれまでの人生を聞くのが好きだった。話の中では、女学校時代の袴《はかま》姿、寮で枕投げをした時の笑い声、どれも生き生きと輝いていた。しかしそれをくり返し話して語る目の前にいる祖母は痩せて、頬は骨ばっているおばあちゃんだった。

ずっとおばあちゃんだったわけではない。人それぞれキラキラ輝いていた時代があった。これまでの来し方を聞いただけでも、華やいだ人生を送ってきた人も多い。はつらつと社交ダンスや日舞を舞い、あるいはゴルフを楽しみ、頭がきれて広大な宇宙を語るのが好きだったという人も、あるいは日展に入選したほどの油絵を描いた人も、書をたしなみ、絵手紙を描いたという人も、ずっとおばあちゃんだったわけじゃない。それらのことは十分承知しながら、なおも遠い昔の容姿、はつらつとしたその動きは焦点がずれて、ぼやけた映像でしかない。一瞬のひとこまをはっきり見とどけることができない。老いの牢の中で見る回り灯籠、一枚の絵は次の瞬間には別の絵に変わって、回る回るめくるめく走馬灯だ。

父はホームで看とられて幸せでした

その朝、ホーム内の動きから、多分剣持さんが亡くなったのではと察していた。

案の定、玄関口で娘さんを見た。私はこれまでに何度もお目にかかっていたので近づいていき、深く頭を下げた。娘さんは目を赤くしていた。

「父はこのホームでスタッフのみなさんに親切にしていただき、ここで最期を迎えられたのはほんとうによかったです。父が涙を流したので、なんで泣いているのかと思ったんですが、次の瞬間息を引きとりました。多分感謝の涙だったと思います。このホームにはほんとうに感謝しています」

と語ってくれた。

「お母さまは今は緊張しているけど、このあわただしさが去って落着くと、きっと落ちこまれることもあるでしょうね」

と、私は父を亡くした時の体験を思い重ねて云った。

「そうだと思います。どうぞ母をよろしくお願いします。みなさんにもやさしくしていただいていると聞いています」

たったこれだけの会話であったが、「このホームで最期まで看とっていただいて、ほんとうによかった」という言葉が私の心に深く残った。

この家族の感謝は、どんなにかスタッフの人たちの励みになるだろう。

以前、あるスタッフに尋ねたことがあった。「介護の仕事をしていて一番辛いことは何?」

その時、このスタッフは「お別れです」と云った。無口で黙々と、しかし実直に仕事をしているスタッフで、私はほとんど会話を交すことのない人だった。

介護は辛いことの多い仕事だ。心の萎《な》えることもあるだろう。スタッフのアンナさんの云ったことが甦った。私が、どんなに熱い思いをもって介護の仕事に就いても、心が疲れ萎えることもあるでしょう。その時どうするのと聞いたのだ。これは私にとっては、とても重要なことだった。

お別れの時にその家族から、

「ありがとうございました。母は好きだった色の口紅をひいていただき、好きだった着物を着ていました」

と云われた時の気持ちを思い出すと云うのだ。

これは、日頃からスタッフが入居者をよく見ていてこそできた、その人に寄り添った介護だったからだと私は思った。ご家族は母親の死化粧に、長年寄り添ってくれたスタッフへの感謝を伝えたのだと思う。看とりまでをしてくれたスタッフの人達に、このホームに入ってからの長い年月に思いをはせているのだ。

私は将来、このホームで最後を迎えられてよかったという言葉を自分の看とりを話す人々に向けていた。

剣持さんの娘さんと別れて部屋に戻る途中でスタッフの翔君に出会ったので、娘さんの言葉を伝えた。翔君は「介護の仕事をやってきてよかったと思います」と云った。

終末の介護を考える

私は自分が衰弱しても、死ぬまでは生きていなければならない時のことを考えることがある。それは人間、免れることはできない。しかし、このテーマは自分がもし家族の介護を受けていたら、ただただ気がねな思いをするしかなかったかもしれない。終末の介護の難儀さは決して介護する家族のみが負っているのではなく、介護される側も辛いのだ。介護を掲げたホームで終末の介護を他人にゆだねるのだから、私は今からきちんと思い描いておきたい。

このテーマをつきつめて考えた時、まず思い浮かぶのはスタッフ佐原さんの、介護を「かっこいい」と表現し、毎日くり返される介護の中でモチベーションを失いそうになった時、「困っている人がいるから」である。

彼の言葉、表現が私に非常にわかりやすかったために佐原さんの名をあげたが、私がこんな人の介護を受けたいと思う人たちは、表現は違っていてもこの佐原さんと同じ思いを持っていることを日々の言動から感じ取っている。

確かに介護の技術は私も必要だと思う。例えば抱きかかえるのも、その技術があればかかえられる側には楽なのだ。しかしこれは経験と研修で学べる。やはり介護の仕事には、介護に対する理念、思いがほしいと思ってしまう。そうした人たちにゆだねる自分を考えると、死ぬまで生きていなければならない時のことを思っても、どこか私の心は落ち着いてゆく。

すべてをスタッフにゆだねる

そしてもう一つ、こうしたスタッフの人たちにゆだねた自分をどう伝えられるのかも同時に考える。もちろんその時は、言葉や態度でそれを伝えることはできない。なぜなら、ただただ死ぬまでを生きるしかない時の自分だから。それだからこそ、今しっかりと書きとめておきたい。

答えは、すでに持っている。それは靖江さんの「すみません、ありがとうございます」だ。これも靖江さんの言葉を取り上げたわけではない。入居者の人たちから学んだことだ。言葉で表わすことができなくなるからこそ、今そうでありたいということを明確に記しておきたい。

目を閉じたままスタッフの声がけにわずかに食べ物と水分、薬をとり、それができなくなってもそれでも排泄物を拭ってもらい、洗浄してもらう。それをすべてスタッフにゆだねる。だからこそ、今スタッフの人たちから学び、感謝し、同じホームで暮らす仲間、入居者と思いを通わせ、それらをもっともっと重ねていき、このホームが介護日本一になることを願っている。一位、トップを望んでいるわけではない。しかしトップになれば、それは一つの手本となって、他のホーム、他の介護にたずさわる人々、日本の介護の底上げにつながる。

そしてそれは私たち高齢者に返ってくる。それを享受するのは他ならない私たちとその家族なのだ。

あとがき

仕上げの原稿を読み返した時、見たまま、聞いたまま、感じたままを書いただけだと改めて気付いた。原稿にしたのは私だが、その言動すべてはスタッフ、そして入居者たちのものであり、私が創作したものではないという不思議な感慨だった。

介護付ということを頼りに入所した私だが、日々くり広げられるスタッフとの交流、入居者たちとのつながり、目頭を熱くしたことも、不満に思ったことも、反感を持たれたことも、それらを綴っていたら一冊の本になっていた。

また、この一年二ヶ月はスタッフへの感謝からはじめたお手伝いの日々でもあった。スタッフが一番喜んでくれたのは、私が入居者と親しくなることだった。

もちろんそこには、藤堂さんの「入居者さんがいい顔になっていくのがわかるわ」、鳥越さんの「実行し、つづけていくことはすばらしい」などに背を押していただいた私だ。

会社がどんなに高い理念を掲げても、それを具現化するのはホーム長をはじめスタッフ一人一人の二十四時間の言動だ。ここで改めてスタッフの皆さんに感謝したい。

そして印税というものが入るとしたら、私はそれを経済的な理由で進学できない若い人たちに役立てたいと思っている。

それは私に、浄土真宗、お念仏をお勧め下さった方のことがある。片親の私に、「勉強は若い時しかできないのだから大学に行かせてあげなさい」と母に手をさしのべていただいたことがあったからだ。

出版にはまったく縁のなかった私の原稿、不備が多くある中、根気よくアドバイス、校正をして下さった宮下さんに感謝します。

最後に、多忙の中、私の原稿にアドバイスをし、出版にまで運んでくれた夫に感謝したい。

なお、プライバシーを考えて、西君子さん以外は（西さんにはご了承を得ています）すべて仮名で書いております。

北沢美代（きたざわ・みよ）

1941年生まれ。1963年早稲田大学教育学部卒。龍口直太朗教授研究室秘書、翻訳業、家庭教師などを経て、1971年株式会社アサヒ健康事業部、1975年ミズ（MYS）株式会社取締役、1988年株式会社エコロジーヘルスラボ（EHL）代表取締役、1995年辞任。親鸞宗徒。

終の棲　ホームの日々

2021年2月26日　初版第1刷発行
2021年5月20日　初版第3刷発行

著　者――北沢美代
発行者――相澤正夫
発行所――芸術新聞社
〒101-0052 東京都千代田区神田小川町2-3-12 神田小川町ビル
電話 03-5280-9081（販売課）／ FAX 03-5280-9088
http://www.gei-shin.co.jp
印刷・製本――昭和情報プロセス
デザイン――奥定泰之

ISBN 978-4-87586-615-2 C0095